KB275951

제작부터 꾸미기까지

구체관절인형

제작부터 꾸미기까지

구체관절인형

제작부터 꾸미기까지

구체관절인형

2010. 1. 11. 초 판 1쇄 발행
2014. 5. 20. 개정판 2쇄 발행

지은이 | 이홍자
펴낸이 | 이종춘
펴낸곳 | [BM] 성안당

주소 | 121-838 서울시 마포구 양화로 127 첨단빌딩 5층(출판기획 R&D 센터)
| 413-120 경기도 파주시 문발로 112(제작 및 물류)
전화 | 02) 3142-0036
| 031) 955-0511
팩스 | 031) 955-0510
등록 | 1973.2.1 제13-12호
출판사 홈페이지 | www.cyber.co.kr
ISBN | 978-89-315-7741-9 (13630)
정가 | 20,000원

이 책을 만든 사람들

기획 · 진행 | 이구
교정 | 안세현
북디자인 | 오정화
사진 | C-one 스튜디오
홍보 | 전지혜
마케팅 | 구본철, 차정욱, 채재석, 강호묵
제작 | 김유석

제작부터 꾸미기까지

구체관절인형

이홍자 지음

BM 성안당

내게 행복감을 안겨 주는 인형

어린 시절 인형을 좋아해 바비인형 옷을 만들어 입히기도 하고,
종이로 인형과 옷을 만들어 색칠하고 오려서 옷을 갈아 입히기도 하고,
여러 가지 소재의 인형놀이를 하면서 어린 시절을 보냈습니다.
여성이라면 어린 시절 인형놀이의 아름다운 추억은
누구나 간직하고 있을 것이라 생각합니다.

과거에는 인형이 어린아이의 소유물이었으나, 지금은 남녀노소 구분없이
취미생활로 자리 잡고 있으며,
마니아가 점점 늘어가는 추세입니다.

지금으로부터 약 17년 전 동경에서 우연히 창작비스크관절인형과
포셀린레이스인형을 만나면서부터 어린 시절의 추억이 되살아나 인형 제작을
본격적으로 시작하게 되었고, 나에게 있어서 인형은 언제나 많은 생각과
행복감을 안겨 주는 존재였습니다.
한 체 한 체의 감정과 표정을 표현하기 위해 자신과의 싸움에 이겨야 했고
생각한 대로 표현이 안될 때는 좌절하고 실망한 적도 많이 있었지만,
그래도 내 자식처럼 예쁘고 소중한 존재였습니다.
반면 감정과 표정이 생각한 대로 표현되었을 때는 더 없이 행복감에 젖습니다.
이 행복감을 할머니가 될 때까지 계속 여러분과 함께 느끼고 싶습니다.

인형을 사랑하는 마니아 분들과
주위 분들의 요망에 의해
그동안 쌓아온 제작기법을 토대로
저처럼 인형을 사랑하는 마니아 분들도
자신의 아이를 같이 만들 수 있는
기쁨을 함께하는데,
이 책이 조금이나마 도움이 되었으면 합니다.

긴 제작 과정을 짧은 시간과 좁은 공간에 전달하기 위해 어려움은 많이 있었지만
촬영 기간 중 내내 행복했습니다.
아직 미흡한 점은 많지만, 이 책이 인형을 사랑하는 모든 분에게
기억에 남는 양서가 되어 아름다운 인형 조형예술 문화 분야를 넓혀 나가는데
도움이 되었으면 하는 바람입니다.

2009년 12월

이홍자

Ball-Jointed Doll

구 체 관 절 인 형

구체관절인형(Ball –Jointed Doll)

관절 부분이 가동식으로 되어 있고 형태가 구(Ball)로 되어 있어서 사람과 똑같이 큰 움직임으로써 13개소의 관절을 가동하는 것이 가장 큰 특징이다. 관절이 가동함으로써 사람과 같이 여러 포즈를 취할 수 있다.

구체관절인형의 역사

구체관절인형은 원래 1850년경 독일과 프랑스를 중심으로 발달한 서양 인형의 전통 인형 양식이다. 유럽이 1차 세계대전 후 인형의 Parts 그대로를 조립해 사진 작품을 제작한 슈르, 아리스트, 한스 베르멜이 일본에 소개되면서 일본의 인형 세계는 전체적으로 구체관절인형의 붐을 이루게 되었고, 약 10여 년 전부터는 우리나라 인형 조형문화에 큰 영향을 미치고 있다.

Original Ball - Jointed Bisque Doll

창작비스크인형

창작비스크인형

앤틱인형의 복제가 아닌 현대작가의 모던 인형을 재창조(Recreation)할 수 있는 자신만의 창작 작품으로써 기법은 앤틱비스크인형 제작 기법과 같으며, 다만 기존의 석고 몰드를 사용하지 않고 원형 제작부터 시작된다. 제작 과정은 원형 제작, 석고 몰드 제작, 3차례의 소성과정과 관절 연결해서 완성까지 자신의 창작 작품으로 발전시킨 것을 창작비스크인형이라고 말한다.
일본에서는 창작인형 작가들이 비스크의 아름다움에 감동 받아 창작비스크인형 작가로 전환하여 많은 작가들이 활발하게 활동하고 있으며, 우리나라에서도 국내 최초로 한국창작인형협회가 창작비스크인형 전문 교육과정을 개설해 작가를 양성하고 있다.
구체관절인형의 기능적 특징과 독창적인 창작작품으로써 100년이 흘러도 변화하지 않는 아름다운 투명감의 비스크인형의 장점을 모두 겸비한 재창조(Recreation)의 독창적인 창작비스크인형이다.

앤틱비스크인형

Antique Bisque Doll

사진 협조 : 사이호도

비스크인형

비스크인형이란 Bis(두 번) que(굽다)에서 나타나듯이 수차례 소성을 반복한 후 유약을 칠하지 않은 맨 상태에서 두 번 구운 고급 자기(磁器)의 머리를 가진 인형을 말한다.

앤틱비스크인형

19세기 중반 유럽을 중심으로 만들어져 100년 이상의 시간을 지낸 비스크인형을 앤틱비스크인형이라고 부른다.

앤틱비스크인형의 역사

비스크인형은 1800년대 중반 유럽의 독일과 프랑스를 중심으로 탄생하였다. 인형 제작의 황금시대는 1870~1900년대로 산업혁명 후 부유층이 늘어나면서 인형은 점점 더 비싸지고 화려해졌다. 사교계의 귀부인들을 위해 8등신의 패션 인형으로써 만들어진 것이 비스크인형의 시작이다. 상류계급의 여성들이 자신과 똑같은 의상을 입혀서 안고 다니기도 하고, 유럽의 궁중이나 귀족들 사이에 국경을 넘어서 사랑을 받게 된다.

그 후 1800년 중기에 상류계급 소녀들의 놀이 상대로써 베베(Bebe)라고 불리는 비스크의 머리를 가진 5등신의 인형이 탄생한다. 얼굴은 투명감이 있는 비스크제로, 머리카락은 인모 가발, 인간과 같은 각 부분의 관절이 자유자재로 움직이는 콤포지션 바디, 실크, 레이스를 아낌없이 사용한 Costume 등 당시 장인 솜씨의 진수의 결정체가 빛나는 아름다움 그 자체이다. 이 중에서도 프랑스의 쥬모-(1842~1899) 부류-(1866~1899), 고체-(1860~1899), 작가 & 공방의 작품은 현재 앤틱인형 최고봉의 미술품으로써 세계적인 평가를 받고 있다.

특히 프랑스제의 비스크인형은 당시에도 상당히 고가여서 부르주아 계급의 귀부인이나 그 자녀들 외에는 가질 수 없었다고 한다. 그로부터 많은 프랑스 인형 메이커들에 의해 여러 가지 훌륭한 인형들이 발표되어 황금기를 구가하게 되었다.

1900년이 지나면서 독일 인형 메이커들에 의해 일반 어린이들에게까지 보급할 수 있는 저가의 인형이 대량 생산되고 고무나 세룰로이드 등의 잘 부서지지 않는 인형들이 출현하게 되어 마치 시대의 격류에 밀려 휩쓸려 가듯 60년이라는 짧은 역사로 결국 종말을 고하게 된 것이다. 이 때문에 앤틱비스크인형의 애호가가 늘어나면서 투기 대상이 되어 아주 먼 옛날의 극한의 사치를 다하여 만들어져 100년 이상의 시간을 지낸 앤틱비스크인형들은 옛날의 그 황금 시절을 꿈꾸듯 바라보는 표정으로 지금도 그 광채를 잃지 않고 조용히 세월의 흐름을 지켜보는 듯하다.

앤틱모던비스크인형

앤틱비스크 복제인형의 유래

비스크인형은 19세기 중반 유럽의 독일과 프랑스를 중심으로 탄생되어 발전되었으나 앤틱비스크인형을 복제하여 취미 문화로 발전시킨 것은 미국이다.

앤틱비스크인형의 귀중한 원형을 그대로 사용하여 당시 프랑스의 쥬모-(1842~1899), 부류-(1866~1899), 고체-(1860~1899), 작가 & 공방의 작품 그대로의 제작기법에 따라 완전하게 부각한 것으로써 비스크인형의 표정, 글라스 안구, 관절 연결 의상을 충실하게 표현하고 앤틱인형을 재현함으로써 초보자도 쉽게 접근하여 비스크인형을 만들 수 있다.

현대작가의 모던인형을 재창조(Recreation) 할 수 있고, 자신의 창작품으로 새로운 몰드를 제작하여 창작 비스크인형을 만들 수도 있다.

포셀린레이스인형

포셀린레이스 인형의 역사

17~18세기경 독일의 마이센 지방에서 탄생한 레이스인형은 왕후 귀족들에게 강한 매력과 높은 평가를 받아 만들어진 전통공예다. 일명 자기 레이스인형이라고도 불린다.

비스크인형의 소재인 세라본(Cerabone)으로 제작되어 고온에 소성해 아름다운 투명감이 비스크인형과 같지만, 비스크인형이라고 불리지 않는다. 레이스에 세라본(액체 자기 점토)을 묻혀서 고온 소성함에 따라 레이스는 타서 없어지고 레이스의 문양이 실물 레이스의 부드러운 느낌 그대로 레이스 의상(磁器)이 남게 되어 매력적인 자기인형으로 새롭게 탄생된다. 18세기 유럽의 화려한 귀부인의 아름다움이 지금까지 전해지고 있다. 워낙 고가라서 일반인은 잘 접할 수 없어서 유럽의 박물관에서만 볼 수 있었던 것이 후에 미국으로 건너가 많은 기술 개발을 거쳐 Hobby로서의 지위가 확립되었다. 20년 전 일본에 소개되고, 점차 전국으로 확산되면서 여러 사람으로부터 사랑받게 되었다. 우리나라도 약 10여 년 전부터 국내 최초로 필자가 기법을 도입해 예술인을 비롯해 일반인도 제작할 수 있도록 교육지도하므로써 취미생활로 발전해가고 있다.

한국전통자기인형

한국전통 자기인형의 역사

우리나라의 전통인형이라면 신라시대의 흙으로 빚어 투박하고 서민적인 토우인형과 조선시대 후기의 전문적인 인형극이나 망석중놀이**, 꼭두각시놀음 등에 사용했던 인형들이 국립민속박물관에 소장되어 그 시대의 생활문화를 읽을 수 있다. 이와 같이 각 나라에는 그 나라를 대표하는 민속인형들을 볼 수 있고 그 나라의 풍속과 문화예술도 느낄 수 있다.

유럽이나 가까운 일본은 인형왕국이라 불릴 만큼 다양한 종류의 인형이 있고 예술품으로써 영역이 확대되고 있다. 그러나 우리 나라는 유럽이나 일본과 같은 궁중 도자기 전통적 인형은 찾아볼 수가 없었는데 저자는 1996년도에 일본을 건너가 우연히 서양 도예 인형을 만나게 되어 섬세함과 아름다움에 감동받아 인형 제작에 입문하게 되었다. 1998년도부터 여러 빈의 시행착오를 거 듭하며 우아하고 아름다운 우리이 궁중전통인형을 독학으로 섬세하게 표현하기에는 그리 쉽지 않았지만, 원형 제작과 슬립 캐 스팅 작업 과정 등을 거쳐 자기 흙물로 빚어 전통자기인형을 독보적인 제작기법으로 완성하는데 성공하였고, 개인전과 박람회, 기획전, 공모전에 전시되면서 유네스코 우수공예품으로 선정되는 등 독창적인 작품성에 대해 높은 평가를 받게 되었다.

**망석(忘釋)중놀이는 경기도 개성지방에서 음력 4월 8일에 행해졌던 무언 인형극이라고 한다. 〈출처:한국민족문화대백과사전〉

프랑스, 독일을 비롯한 유럽이나 미국의 인형역사는 18~19세기부터 고가의 미술품으로 높은 평가를 받고 있으며, 현재도 인형 애호가들에게 인형 수집과 함께 많은 사랑을 받고 있다.

당시의 프랑스 유명작가인 쥬모-(1842~1899), 부류-(1866~1899), 고-체(1860~1899)의 작품은 지금도 최고봉의 미술품으로써 세계적으로 평가를 받고 있으며, 고가로 경매에서 거래되고 투기대상이 될 정도로 시장가격이 올라가 일반의 애호가 들로부터는 점점 멀어져 가고 있다. 인형의 발전사를 살펴볼 때 유럽이나 일본과 비교해 보면 우리나라는 이제 시작단계에 불과하지만, 약 5~6 여년 전부터 인형에 대한 관심이 높아지면서 마니아층이 두터워지고 있고, 당시 우리나라의 실정은 인형작가, 교육전문기관 그리고 제작할 수 있는 재료의 공급 등이 절대적으로 부족한 상태였으나, 현재는 교육기관과 재료공급이 원활해 지면서 그 동안 재능있는 작가들이 많이 배출되어 활발한 활동을 하고 있다.

인형작가를 꿈꾸고 있는 마니아를 위하여 좀 더 체계적인 인형제작에 필요한 기초 제작기법의 교육과정을 충실히 습득하여 조형예술문화로 발전시키고, 창작인형 작품 제작에 심혈을 기울인다면 미래의 인형시장은 매우 밝다고 생각된다.

| 인형의 종류와 차이점 |

구분	창작구체 관절인형	창작비스크 인형	엔틱비스크 인형	포셀린레이스 인형	한국전통자기 인형
1) 소재	석분 점토 (환도)	자기 흙물 (Cerabone)	자기 흙물 (Cerabone)	자기 흙물 (Cerabone)	자기흙물 (Cerabone)
2) 기능	관절 가동식	관절 가동식	관절 가동식	고정 포즈	고정 포즈
3) 원형제작	O	O	X	△	O
4) 석고몰드	X	O	O	O 본체는 슬립캐스팅 하고, 의상과 꽃, 장식은 수작업	O 원형제작 후 본체는 슬립캐스팅 하고, 의상과 꽃, 장식은 수작업
5) 가마소성	X	O	O	O	O
6) 투명도	불투명	반투명	반투명	반투명	반투명
7) 의상	옷 감	옷 감	옷 감	도자기	도자기

* 환도 : 일본의 점토회시에서 생산되는 석분 점도이며, 밀도가 높고 내수싱이 강하여 일본의 피규어, 인형작가 등에게 널리 사용되고 있다.

* Cerabone : 강도, 점력을 강화시켜 비스크인형 제작에 적합하도록 결점을 보완해 기술자문을 받아 만든 신개발품 세라본이다.

기본 재료 및 도구

● 도면 그리기

방안지

도면을 그리기 위해 모눈종이와 4B 연필, 지우개, 방안자를 준비한다.

● 성형

유토

원형 제작을 자유자재로 조형할 때 사용한다(석분점토로 대체 가능하나 건조가 빠른 것이 단점).

석분 점토

인형 본체를 조형하는 데 사용한다.

톱

관절을 절단할 때 사용한다.

알루미늄 선, 실, 나무판

손을 만들 때 손가락의 뼈대를 만들 때 사용한다.

고무밴드

원형 복제 시 석고틀 뚜껑을 묶을 때 사용한다.

점토판

점토를 반죽하거나 작업할 때 사용하면 편리하다.

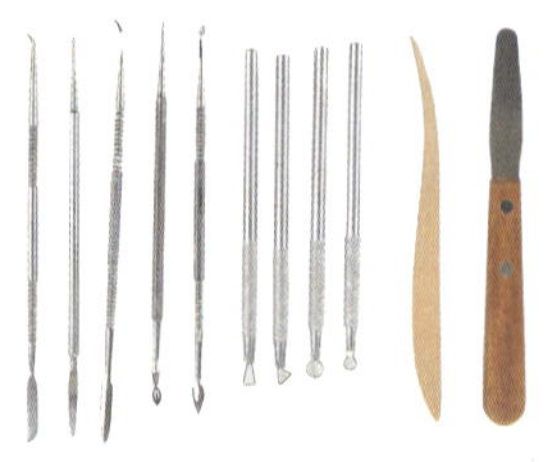

팔레트 나이프, 나무 헤라, 스텐인리스 헤라

유토, 점토로 조형할 때 사용되는 도구다.

● 석고몰드 제작

구 스티로폼, 가위, 커터 나이프, 나무 막대(두께 7㎜), 밀대

구(Ball) 제작과 석고 틀 복제 시 사용한다.

버니어 캘리퍼스

관절의 구(Ball) 사이즈를 잴 때 사용한다.

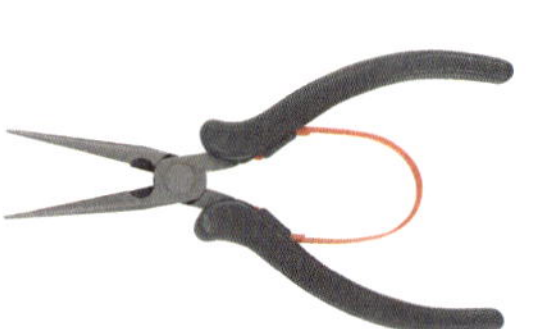

롱노즈

알루미늄 선을 커트할 때와 S고리 제작할 때 사용한다.

특급 석고

유토로 제작한 것을 복제하기 위해 석고 몰드 제작용으로 사용한다.

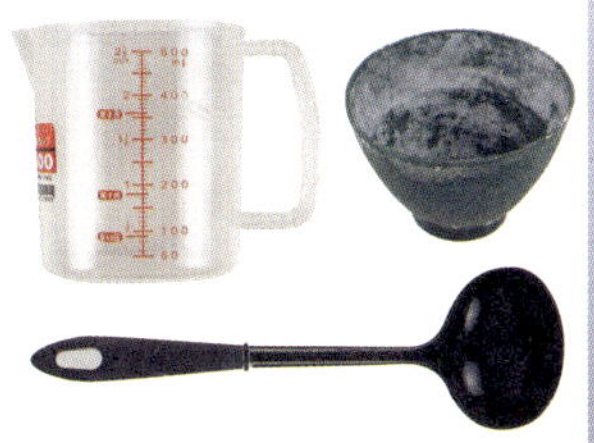

계량컵, 고무용기, 국자
석고의 농도를 맞추기 위한 도구로, 고무용기 대체품으로 플라스틱제는 피하도록 한다.

이형제, 붓
석고가 잘 분리될 수 있도록 바르는 석고 이형제, 붓은 이형제를 바르거나 굳은 점토 작업을 할 때 물을 바르고 사용한다.

평끌, 서각칼, 고무망치
석고 몰드의 이음선 정리 및 분리 시 사용한다.

황동판, 방안자
유토로 원형 제작 시 퍼팅 라인에 꽂아 경계선 벽을 만들 때 사용한다. 비닐 소재 화일로 대체 사용해도 된다.

● 표면 정리 및 세밀 작업

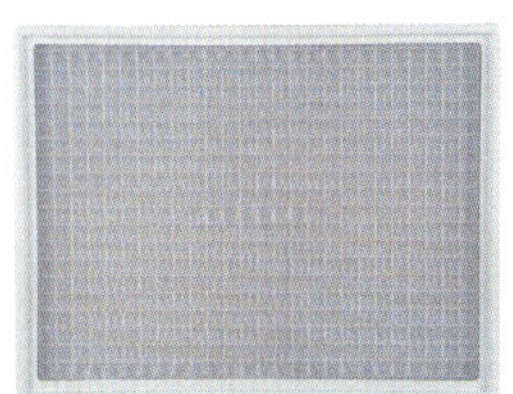

더스트 마인더 사포망
사포할 때 가루가 그물망 밑으로 고이저 위생적이다.

조각도
세밀 작업 및 수정 작업을 할 때 사용한다.

마스터 아이 베벨러
안구나 관절의 구(Ball) 사이즈에 맞게 사포할 때 사용한디.

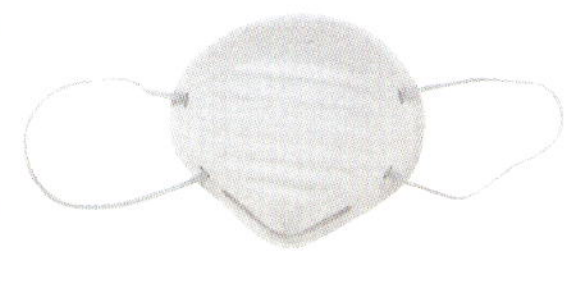

마스크
사포질 할 때 착용한다.

● 피부 채색 및 메이크업

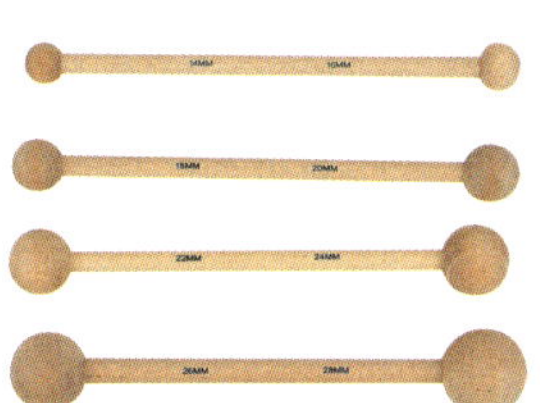

아이 사이저 세트
안구나 관절의 구(Ball) 사이즈를 맞출 때 사용한다.

철제봉 사포, 종이 사포
눈 주위나 관절의 텐션 줄 연결 구멍 등 둥글게 된 부분을 매끄럽게 사포할 때와 표면 사포할 때 사용한다.

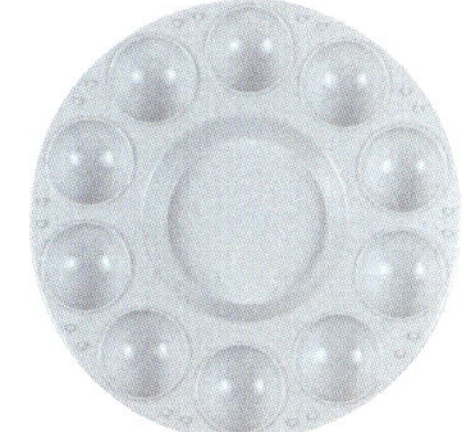

둥근 팔레트
색을 혼합하고 채색할 때 사용한다.

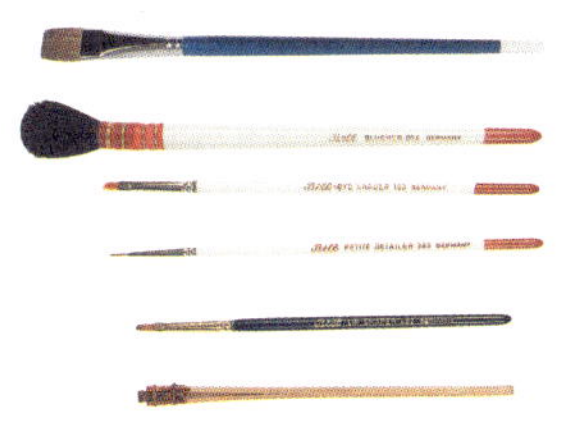

피부 채색 및 메이크업 붓
관절 볼 터치, 메이크업, 피부 채색 때 사용한다.

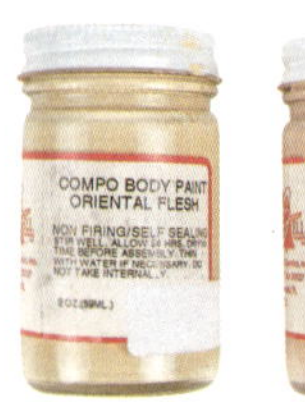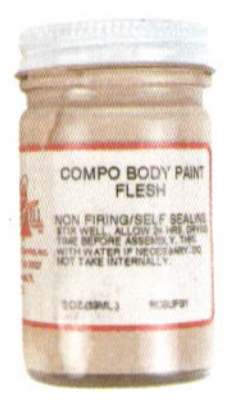

콤포 바디 페인트

착색력이 뛰어나며 두 가지 색상
을 혼합해 피부색을 만든다.

젯소

콤포 바디 프레시와 혼합하여 사
용한다.

아크릴 물감

콤포 바디 프레시와 젯소에 혼합
하여 원하는 이미지 피부색을 만
들 때 사용한다.

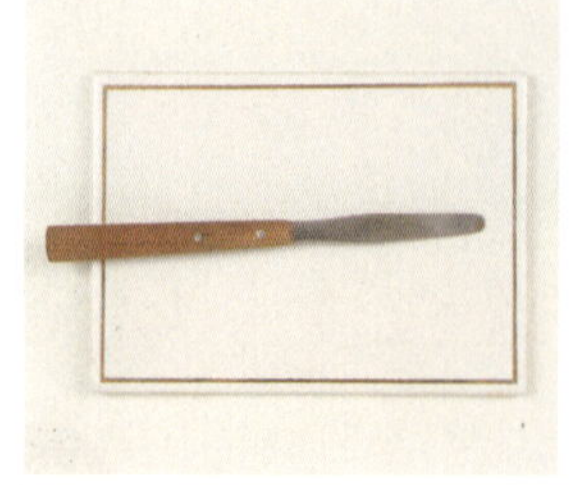

팔레트와 나이프

메이크업 할 때와 유화 물감을 혼
합할 때 사용한다.

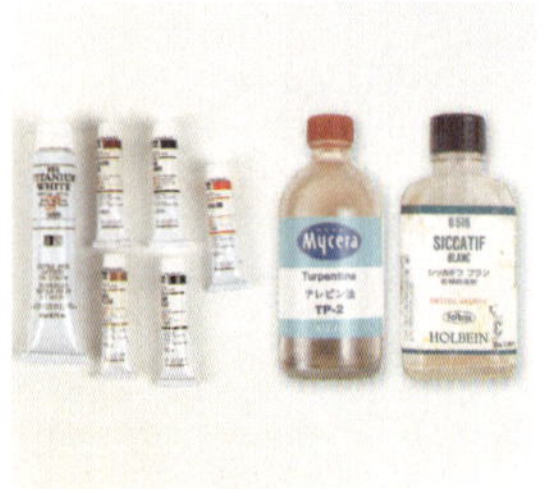

유화 물감, 드라잉 미디움,
타펜타인

메이크업 할 때와 붓 세척할 때
사용한다.

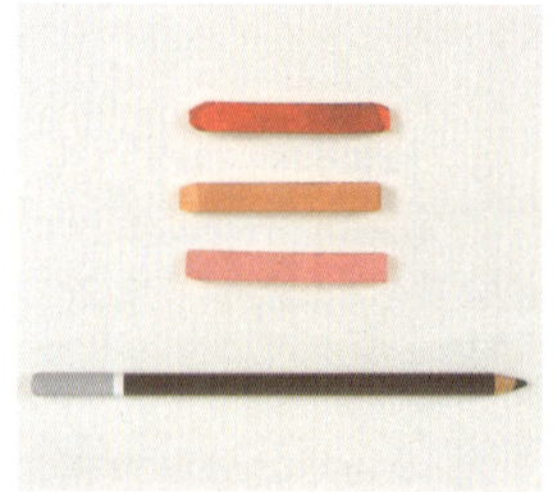

파스텔, 연필 파스텔

눈썹을 그릴 때와 관절, 볼터치,
아이 섀도 등 메이크업 할 때
사용한다.

China Paint Eraser

메이크업을 지울 때 사용하는 지
우개다.

고정 스프레이

메이크업이 지워지지 않도록 뿌리
는 고정 스프레이다.

● 안구 및 눈썹

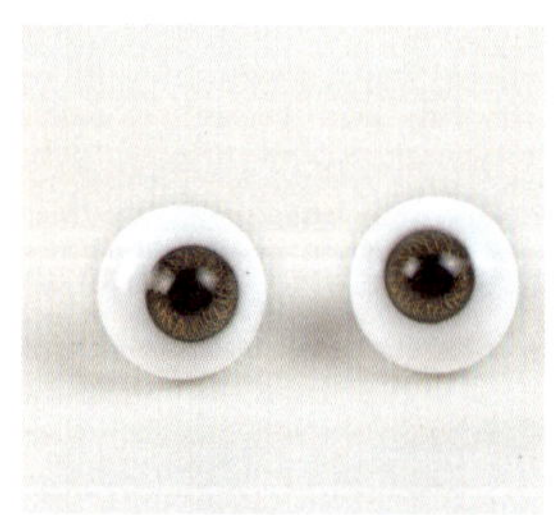

글라스 안구

안구 사이즈에 맞는 안구를 선택
한다.

속눈썹

인형 전용 속눈썹을 본드를 사용
해 붙인다.

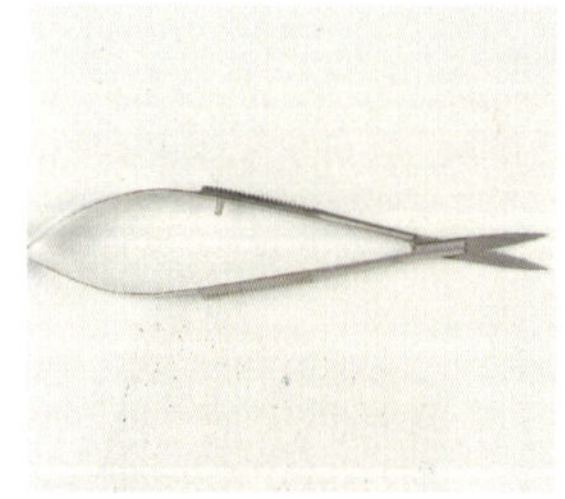

눈썹 전용 가위

안구 사이즈에 맞게 눈썹을 자를
때 사용한다.

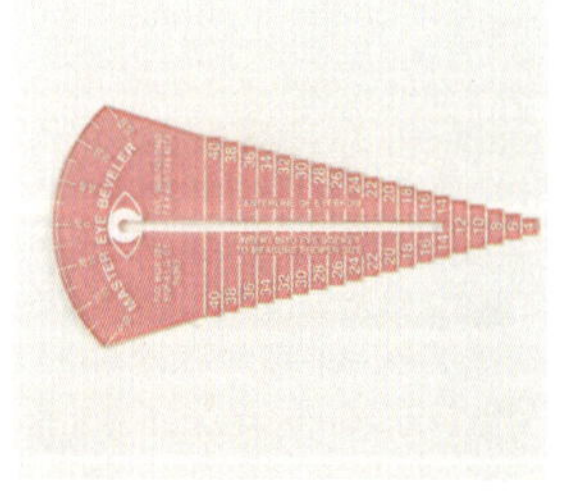

Eye Sizing Tool

안구 사이즈를 재는 자다.

Eye Setting Wax
안구를 임시 고정시키는 왁스다.

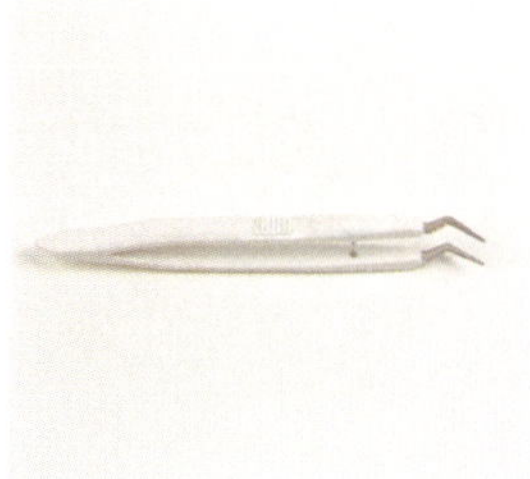

핀셋
눈썹을 붙일 때 사용되는 도구다.

오공 본드
속눈썹을 붙일 때 사용한다.

인모와 가발 캡
가발을 만들기 위해 인모와 가발 캡을 준비한다.

모헤어 본드
가발 여분의 부분을 제작할 때 사용한다.

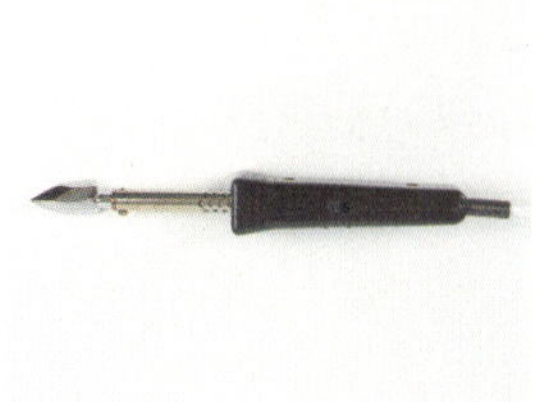

전기 인두
정수리 부분의 여분의 가발 제작 시 사용한다.

벨크로, 양면 테이프
가발 고정과 머리 뚜껑을 덮을 때 사용한다.

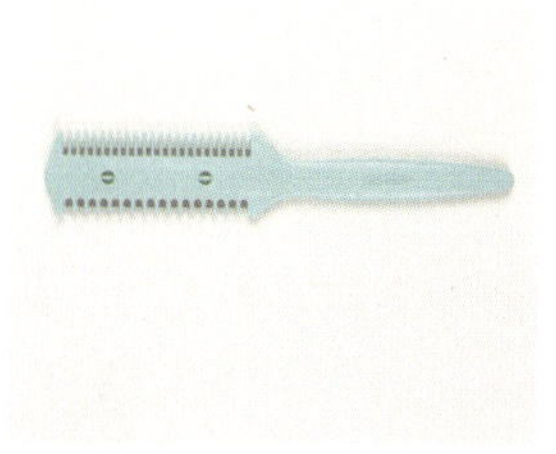

헤어 커터
앞머리와 머리의 기장을 커트할 때 사용한다.

● S고리 제작 및 관절 연결

스텐레스 봉
S고리 만들 때 사용한다.

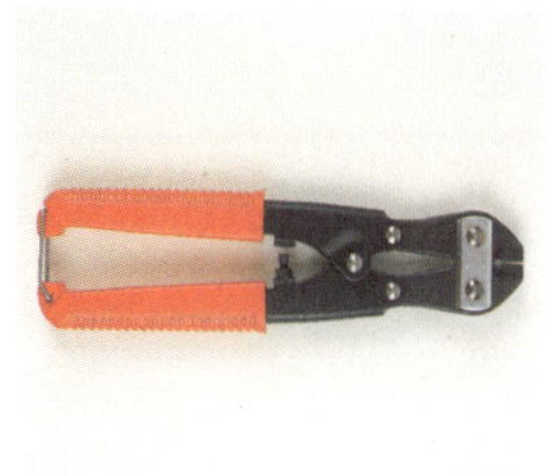

볼트 커터
스텐레스 봉이나 피아노 줄로 S고리를 만들 때 커터용으로 사용한다.

텐션 줄
관절을 연결할 때 사용하는 줄이다.

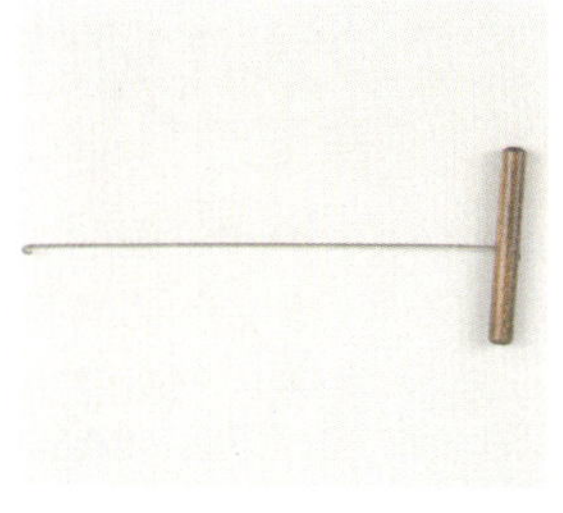

관절 연결 공구
관절 연결 시 텐션 줄을 잡아 당길 때 사용한다.

차례

CONTENTS

도안 제작

구체관절인형의 원형 제작은 관절 13개소를 인체 부위별로 각각 조형해야 하므로 도안 없이 제작하면 자칫 균형을 잃기 쉽기 때문에 인체 비례에 맞게 제작하기 위해서는 도안의 기초 작업이 필요하다. 즉, 집을 짓기 위한 설계 도면과 같은 것이다.

구체관절인형을 제작하기 위한 인체 비례학

1 연령 선택과 신체 균형

도표와 같이 연령에 맞게 인체를 몇 등신으로 제작할 것인가를 먼저 결정한다. 도안은 머리(정수리에서 턱
선까지)가 7센티 기준의 신장 49센티의 7등신의 소녀를 제작한다.

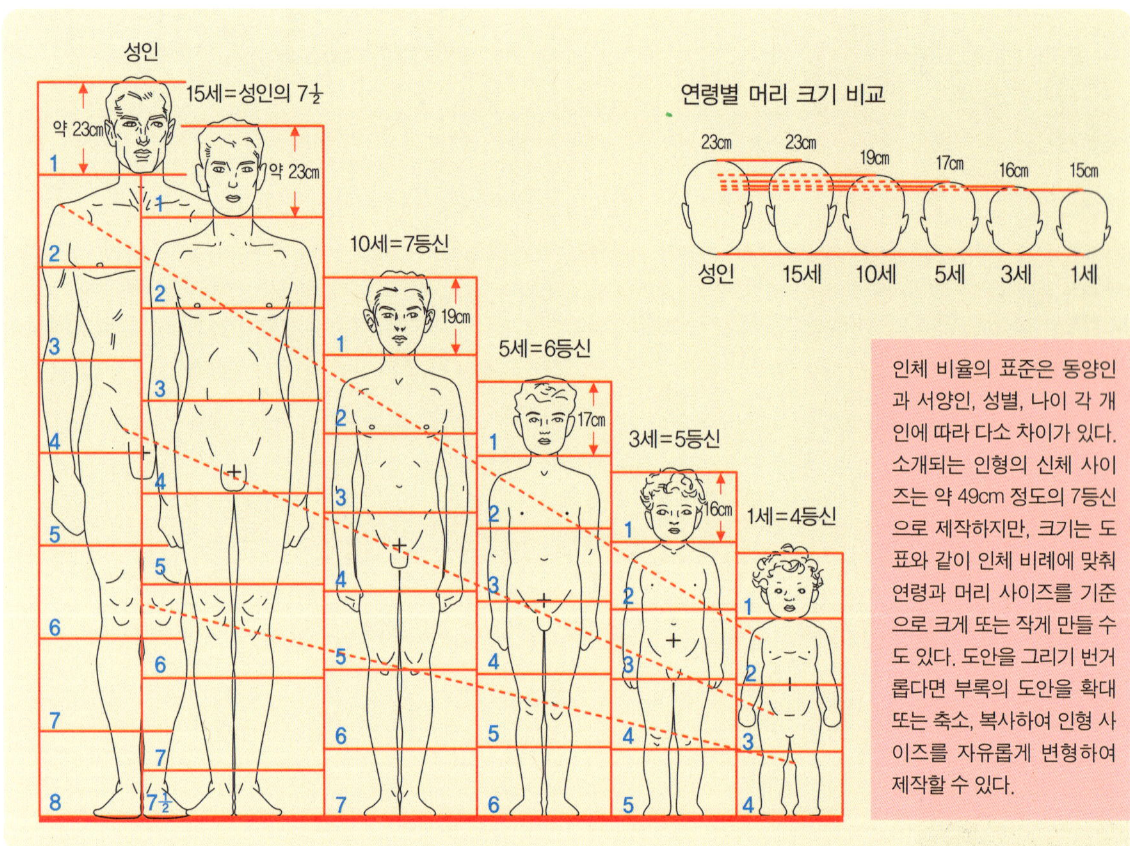

2 도안 그리기 준비

제작하고 싶은 연령과 이미지가 결정되면 인체 비례에 맞는 도안 그리기를 준비한다.

인체 비율에 맞는 도안 그리기

◯ 준비물

2절 방안지, 4B 연필, 지우개

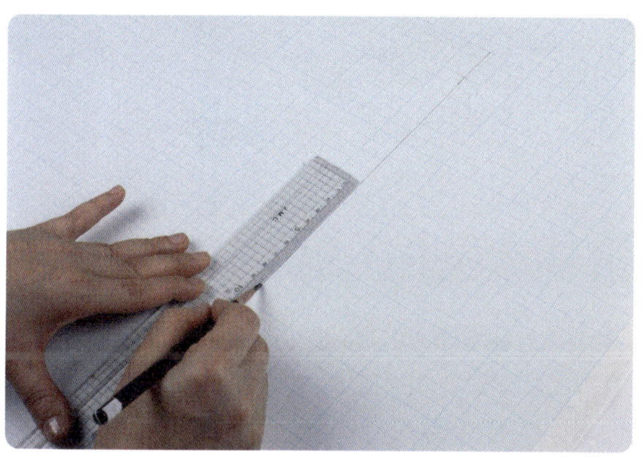

1 먼저 신체의 중심선을 신체 길이만큼 긋는다.

2 신체 비율의 기준이 되는 머리(Head)를 좌우 대칭에 맞게 중앙에 그린다.

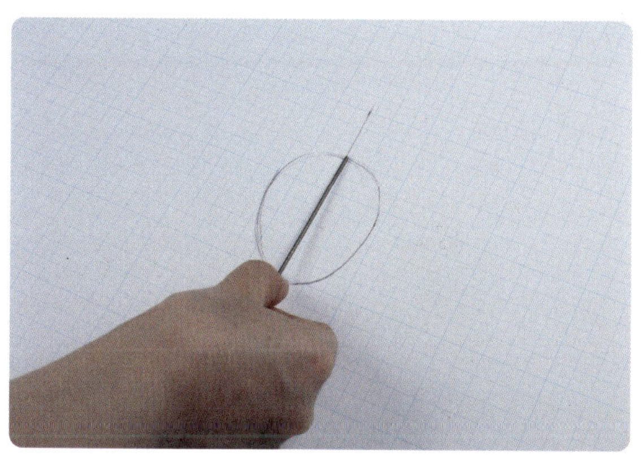

3 몸(Body)의 길이는 머리 정수리에서 턱 선까지의 길이를 기준으로 한다.

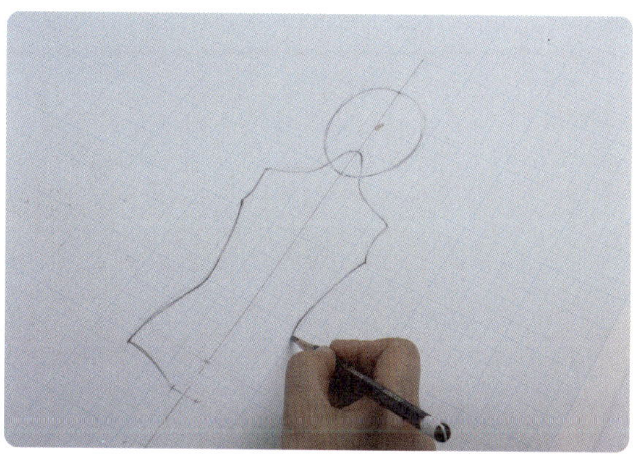

4 머리(정수리~턱) 약 3배의 길이가 몸통 길이의 기준이 된다.

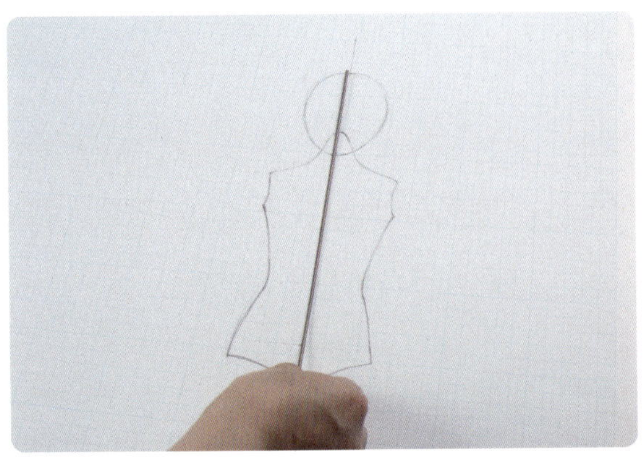

5 다리(legs) 길이는 머리(Head)와 몸(Body)을 합한 길이를 기준으로 한다.

6 다리 길이는 발뒤꿈치까지를 기준으로 그린다.

7 팔(Arms)은 겨드랑이 선에서 손가락 끝까지의 길이(엉덩이 선까지, 손은 불포함)를 기준으로 그린다.

8 머리(정수리부터 턱선까지)의 길이를 기준으로 전체 등분 선을 표시한다. 표시된 선이 신체의 등신을 나타낸다.

9 등신이 표시된 선대로 가로를 연결해 그린다.

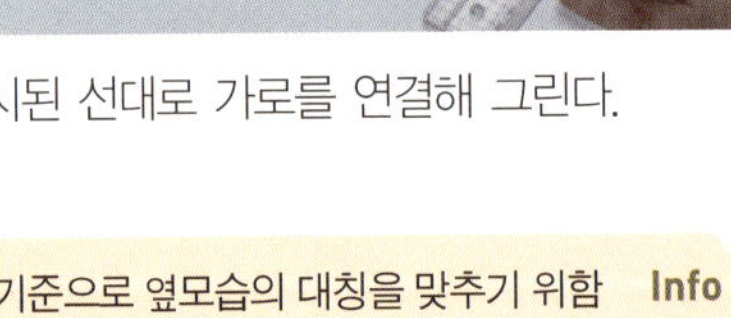
정면을 그린 도안 기준으로 옆모습의 대칭을 맞추기 위함이다.   **Info**

10 옆모습은 등분 선의 기준선 안에 균형 있게 그린다.

11 13개소의 관절 선(목 관절, 어깨 관절, 팔꿈치 관절, 손목 관절, 허벅지 관절, 무릎 관절, 발목 관절)을 기준으로 정면과 옆면의 선을 연결하여 대칭을 확인한다.

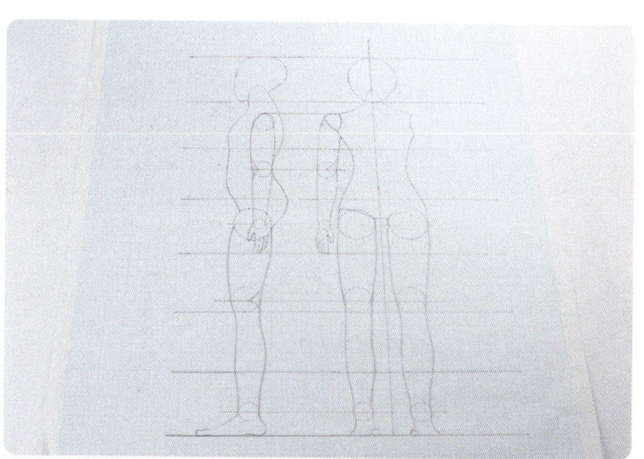

12 완성된 도안 모습

손(Hands)의 크기는 신장의 1/10 또는 턱에서 눈썹 선 사이의 길이가 표준이며, 발은 신장의 1/7 정도가 크기의 기준이 된다. 도안은 그릴 필요는 없으며, 「PART 4 점토 성형 과정」에서 직접 만든다.

P A R T **2**

유토 원형 제작

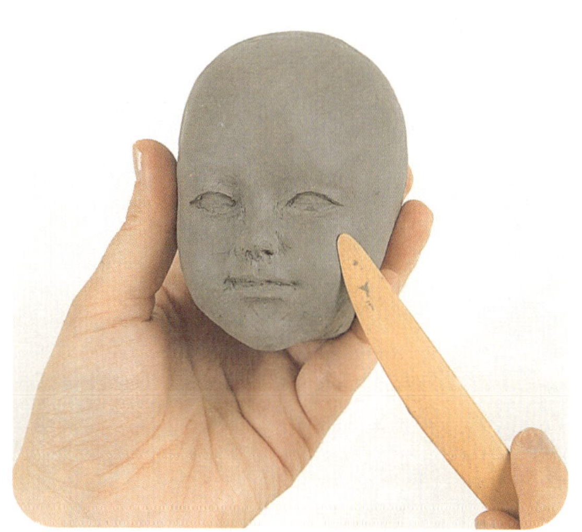

점토는 공기와 접촉하면 쉽게 건조되어 조형하기 어렵지만 유토는 공기와 접촉해도 건조되지 않으므로 조형 시기, 시간을 고려하지 않아도 자유롭고 쉽게 제작할 수 있어 효율적이다. 유토 원형이 완성되면 석고 몰드 제작 과정을 거쳐 같은 크기와 형태를 그대로 여러 번 복제할 수 있다.

유토 원형 제작을 위한 이해

구체관절인형은 13개소의 관절이 각각 가동될 수 있도록 기능적으로 제작하는 것이 가장 기본이며, 관절 연결은 인형 내부를 빈 공간으로 제작하여 텐션줄이 통과할 수 있도록 각각 연결하여 사람처럼 움직일 수 있도록 제작하는 것이 중요하다.

방법에는 발포 스치로폼을 심재로 인형의 머리, 몸체, 팔, 다리 등의 형태를 각각 제작 후 그 위에 석분점토를 붙여 조형 후 발포 심재를 파내어 속을 비우게 하는 방법도 있지만, 여기서 유토로 원형제작방법은 발포스치로폼으로 심재원형제작과 같은 과정이다.

유토의 특징은 공기와 접촉해도 건조되지 않으므로 조형시간과 공간활용에 효율적이고 자유자재로 조형하기 용이하므로 인체비율에 맞춰 머리, 몸체, 다리 등의 형태를 각각 조형한 후 내부를 빈 공간으로 제작하기 위한 1차 석고 몰드를 제작하고 제작한 석고몰드에 석분점토를 밀어 넣어 반 건조 후 석고 틀에서 빼내면 내부가 빈 공간으로 형성되어 있어 속파기 작업과정 없이 간편하게 석분점토로 얼굴 표정이나 인체 해부학적 신체 구조 표현 등 세밀한 수정작업과정을 거쳐 간편하게 구체관절인형을 완성할 수 있어 편리하다.

이때 제작한 석고 몰드는 같은 사이즈의 인형을 제작할 때 심재 역할로 유토원형 제작과정을 거치지 않아도 기존의 석고몰드를 재활용하여 제2의 새로운 구체관절 인형을 제작할 수 있어 매우 효율적이다.

유토의 특징　　　　　　　　　　　　　　　　　　　　　　　　　　Info

점토는 공기 중에 접촉하면 조형 도중에도 건조되어 조형하기가 어렵지만, 유토는 공기와 접촉해도 건조되지 않으므로 조형하는 시기 또는 건조 상태 등을 고려하지 않고 조형을 자유롭고 쉽게 제작할 수 있어 1차 프로포션을 제작하는 데 매우 적절하다.

⬤ **준비물**

유토, 점토판, 팔레트 나이프, 헤라,
나무젓가락

Step 1 머리(Head) 제작

신장 프로포션의 미술 단위는 '머리'를 기준으로 도안의 인체 비율 크기에 맞게 제작하며, 얼굴의 표정은 이상형인 잡지의 모델, 연예인, 친구, 언니, 동생 등 지인을 모델로 제작해도 좋다. 입체 조형이기 때문에 가능하면 정면, 뒤면, 좌·우 측면의 사진 자료가 있으면 제작하는데 도움이 된다. 얼굴의 눈, 코, 입, 귀의 세밀 조형 기법에 대해서는 「PART 4 점토 성형 과정」 때 다시 설명하기로 한다.

1 우선 유토로 도안의 머리 부분을 참고하면서 백열구 형태의 머리를 만든다. 눈썹 선, 콧방울 선, 입술 선의 위치를 선으로 표시한다.

2 눈꼬리와 콧방울의 위치는 삼각형(눈꼬리와 콧방울 기준) 형태로 코와 입의 위치는 역삼각형 형태의 선을 표시하여 눈꼬리(눈썹 뼈)와 볼(광대뼈) 사이는 헤라로 파내어 입체감을 표현한다.

3 코는 얼굴의 중심선을 기준으로 코의 위치에 유토를 붙여 성형한다.

4 입은 콧방울과 입언저리를 기준으로 윗입술, 아랫입술을 구분하여 입술 위치에 유토를 붙여서 성형한다.

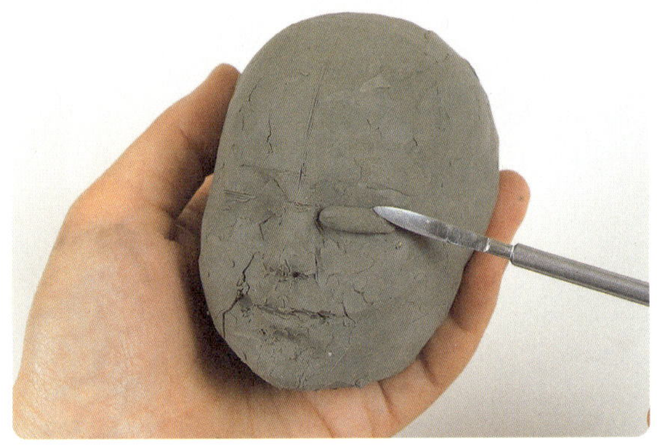

5 눈은 구슬을 감싼듯한 느낌으로 둥글게 붙여 표현
한다.

6 코와 입, 턱은 일직선이고 코의 오목한 부분과 눈은
수평을 이룬다.

7 자칫하면 평면적으로 될 수 있으므로 좌우대칭과 입
체적 균형이 중요하므로 얼굴을 상, 하, 좌, 우의 여
러 각도로 각각의 대칭을 확인한다.

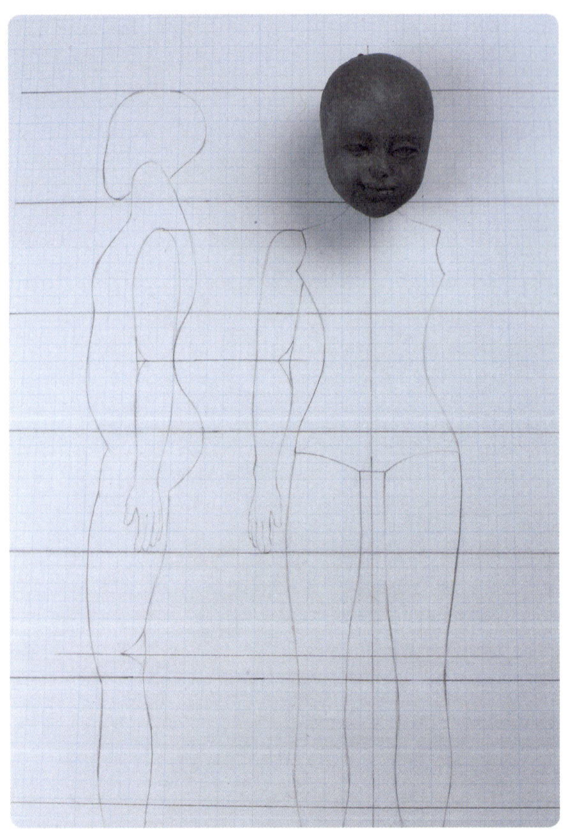

9 머리의 사이즈가 맞는지를 도안 위에 놓고 확인해
본다.

얼굴의 표정과 귀 성형의 정밀한 표현은 「PART 4 점토 **Info**
성형」 과정에서 석분 점토로 성형하면 되므로 유토 원
형 제작 과정에서 세밀 표현은 생략한다.

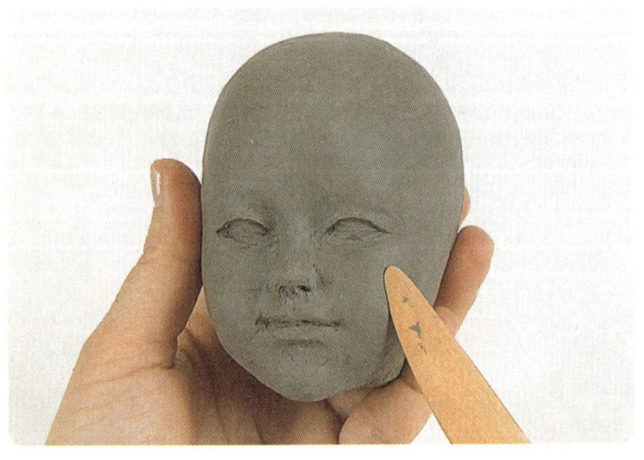

8 얼굴 전체의 비율을 확인한 후 표면을 정리하여 마무
리한다.

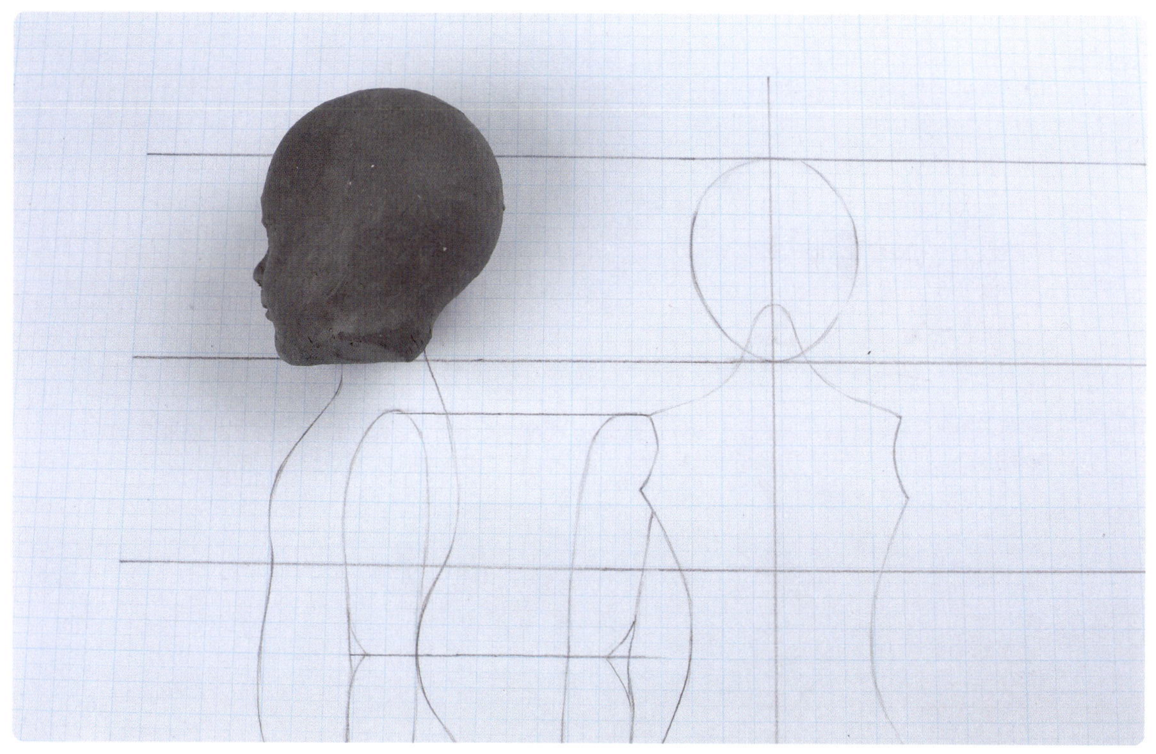

Step 2 몸(Body) 제작

1 몸 사이즈는 머리(정수리에서 턱끝)의 3배의 길이가
몸통 길이의 기본 사이즈이므로 유토로 몸통의 형태
를 만들어 몸의 중심선과 가슴 선, 허벅지 선을 표시
한다.

2 몸의 어깨, 허리, 허벅지 관절 연결 부분의 여분을 깎
아서 몸 형태를 성형한다.

3 도면을 참고하여 어깨, 목선, 허리 선 등 요철 부분
을 헤라 또는 팔레트 나이프로 깎아서 몸 형태로 만
든다.

4 목의 끝부분은 머리, 목 관절이 통과할 수 있게 둥근
구형으로 성형하고, 엉덩이와 허벅지 선에 다리의 구
(球)가 연결될 수 있도록 성형한다.

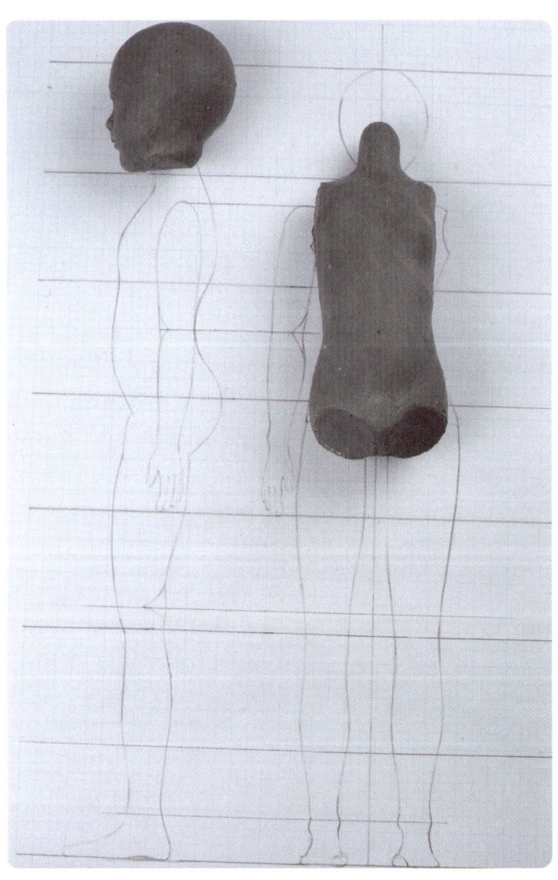

5 몸의 형태가 균형이 맞는지를 도면 위에 놓고 확인
해 본다.

Step 3 다리(legs) 제작

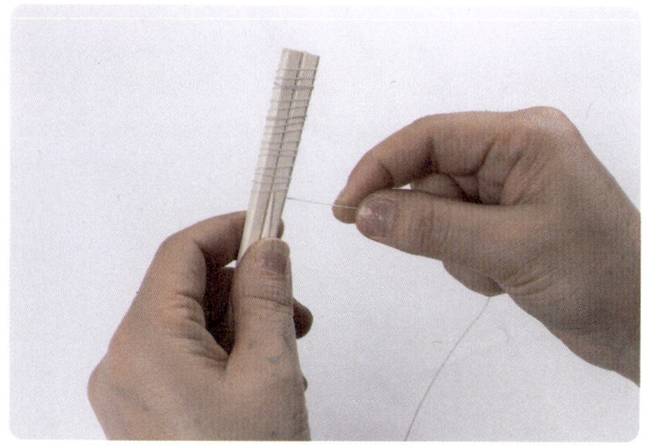

1 다리가 길기 때문에 유토만으로 조형하면 조형 도중 부러지기 쉬우므로 그림과 같이 약 2mm 간격으로 나무젓가락을 실로 감는다.

2 실을 감은 나무젓가락에 유토를 밀착되게 붙인다.

[인체 해부학 다리 일러스트]

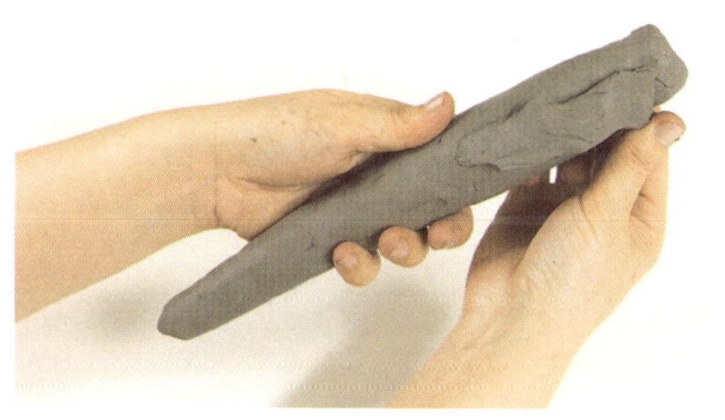

3 나무젓가락이 중앙에 위치하도록 하며, 다리의 형태를 조형한다.

4 도안을 참고하면서 허벅지, 무릎, 종아리의 위치를 확인하며 균형있게 조형한다.

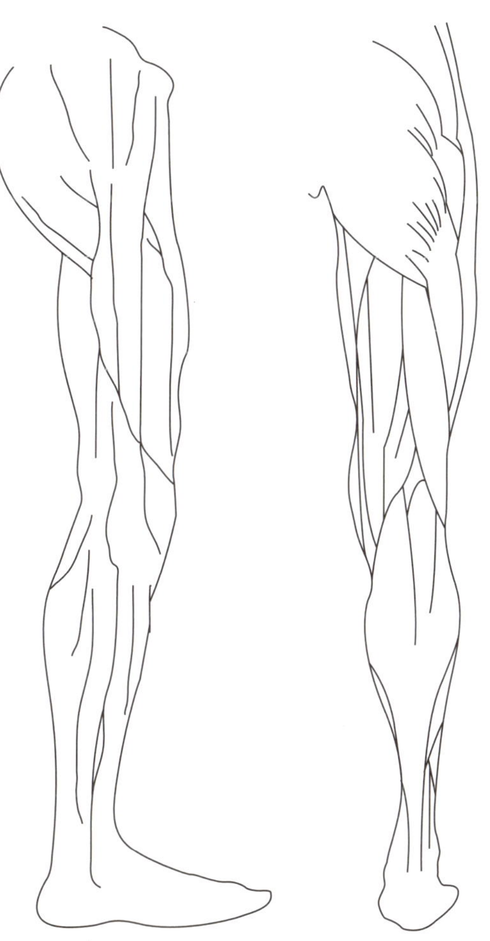

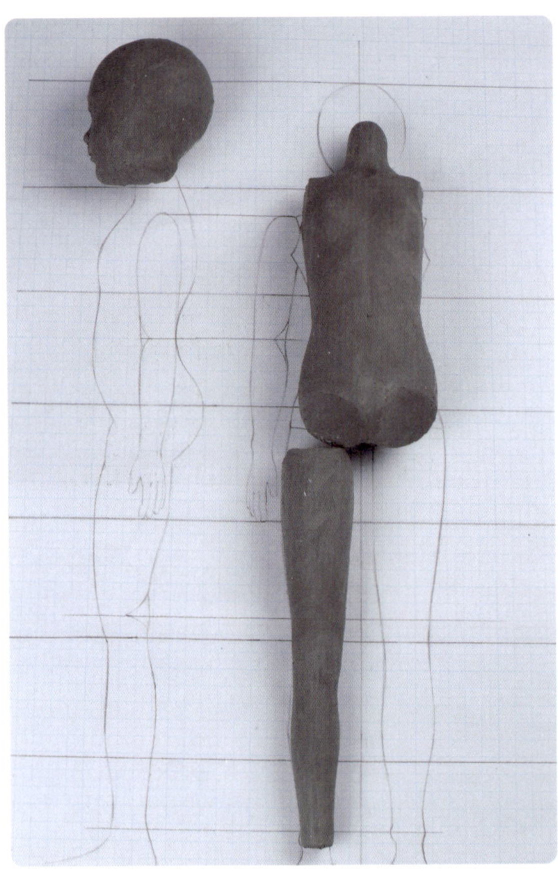

5 다리의 균형이 맞는지 도면 위에 놓고 확인해 본다.
*반대편의 다리도 대칭(길이, 무릎 선)에 맞춰 조형한
다.

Step 4 팔(Arms) 제작 - 발 제작과 동일하게

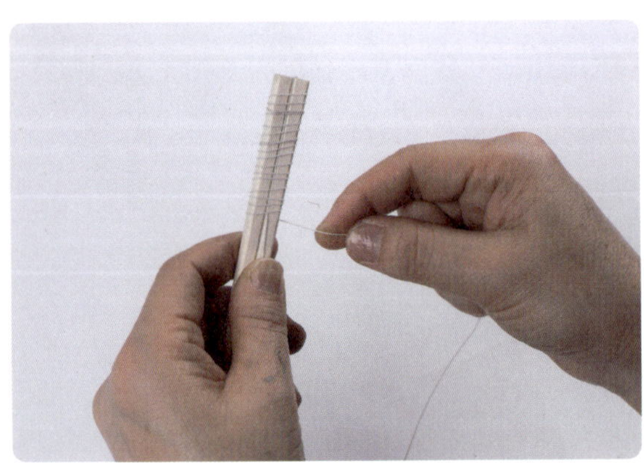

1 유토가 헛돌지 않도록 하기 위해 다리 제작 방법과 같
이 나무젓가락을 실로 약 2mm 간격으로 묶는다.

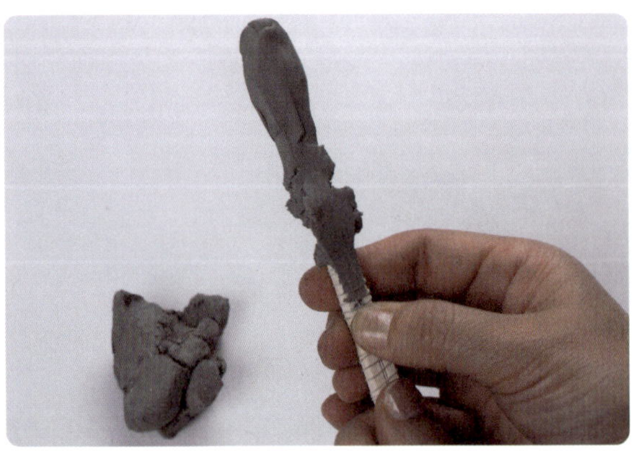

2 실을 감은 나무젓가락에 유토를 밀착되게 붙이며 조
형한다.

3 손목을 제외한 겨드랑이로부터 1/2이 팔꿈치의 위치
의 기준이 되며 상하 약 15도 각도를 깎아 팔의 안쪽
형태를 표현한다. 안쪽의 중심선과 수평이 되는 부분
이 팔꿈치의 기준선이 된다.

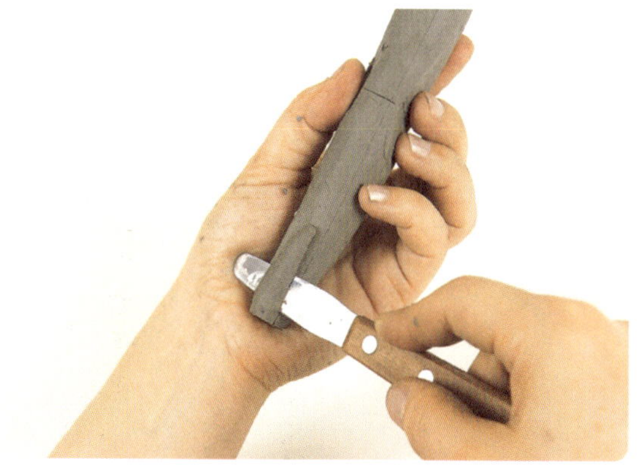

4 손목 부분을 깎아 팔의 균형을 확인한다.

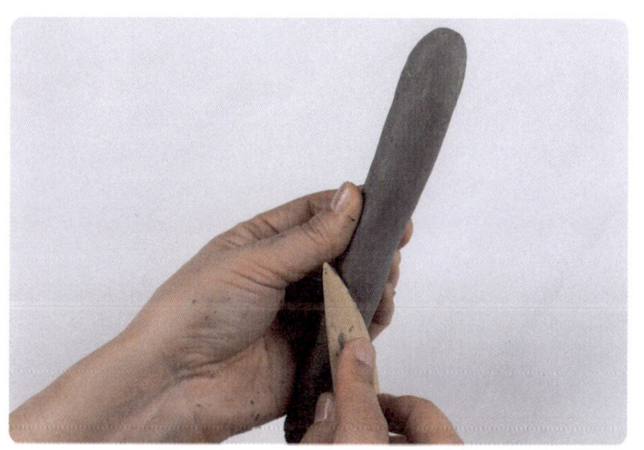

5 팔 전체 부분을 그림과 같이 관찰하여 조형한다.

[팔 프로포션]

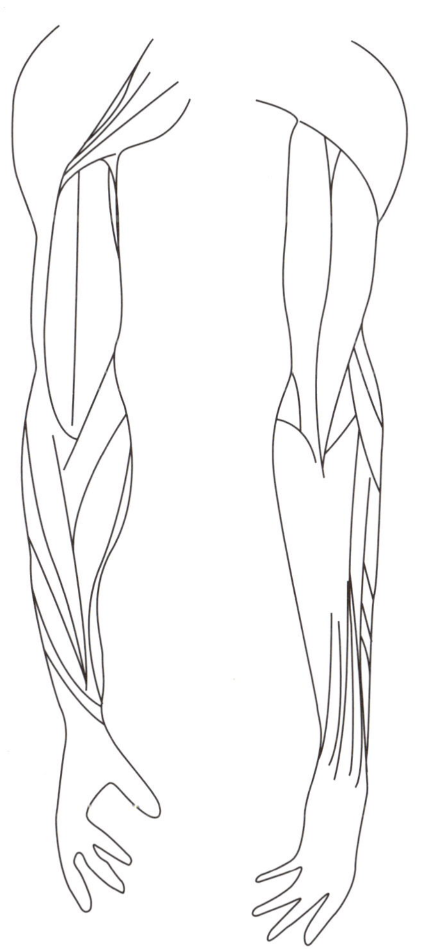

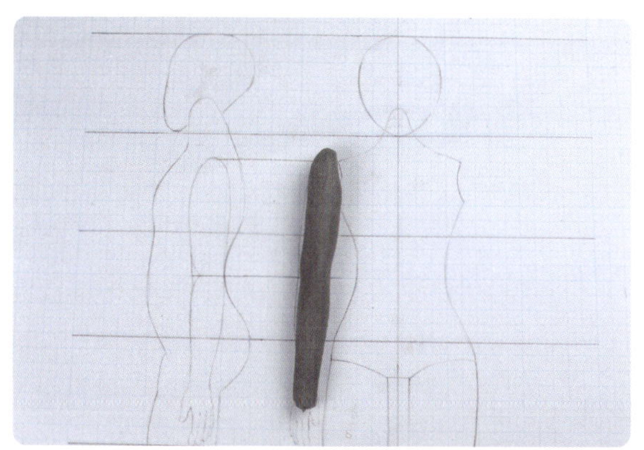

6 팔을 도면 위에 놓고 균형이 맞는지 확인해 본다.
*반대편의 팔도 대칭(길이, 팔꿈치 선)에 맞춰 조형
한다.

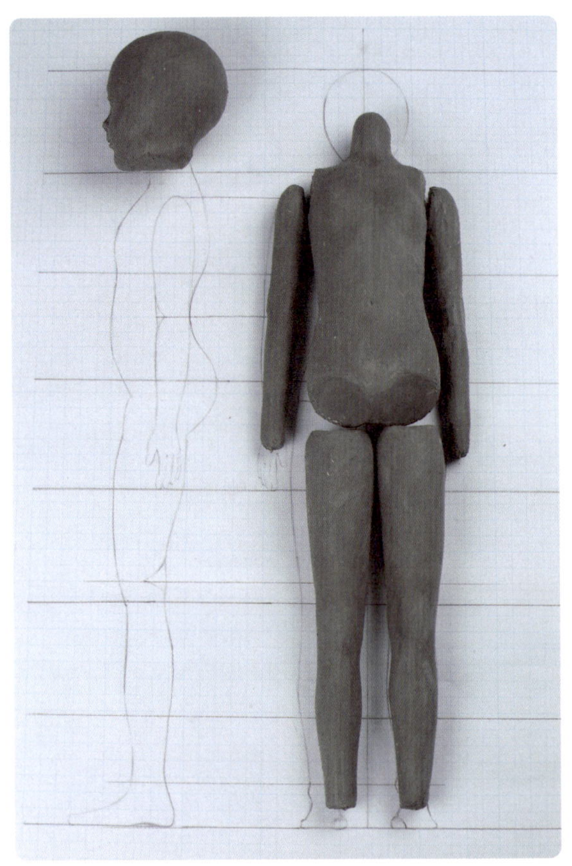

여기까지의 유토 원형 과정이 석분점토 구체관절인형을 만들기
위한 심재의 준비 과정이다. 손과 발은 디테일 하므로 유토로
원형 제작을 하지 않고 직접 점토로 제작하므로 손, 발 제작 과
정은 「Part 4 점토 성형」 제작 과정에서 소개하기로 한다.

7 전체를 완성한 머리, 몸, 다리, 팔의 완성도입니다.

P A R T **3**

석고 몰드 제작

「Part 2 유토 원형 제작」에서 제작한 유토로 만든 원형을 그대로 사용할 수 없으므로 석고 몰드를 제작하여 서분 전토로 전환하기 위한 과정이다. 제작된 석고 몰드는 같은 시이즈의 인형을 만들 때 심재 작업 및 속파기 작업을 하지 않아도 쉽게 여러 번 복제할 수 있어 능률적이다.

석고 몰드는 원형을 여러 번 복제가 가능하며, 심재 속파기 작업을 하지 않고도 텐션 줄을 통과할 수 있어 능률적으로 작업할 수 있다.

⭕ 준비물

고무용기, 계량컵, 황동판, 가위, 도자기형제용 특급 석고, 스테인리스 헤라, 국자, 유토, 석고 이형제, 나무 헤라, 붓, 평끌, 고무 헤라, 서각 칼, 고무망치, 자, 샤프 펜슬

퍼팅 라인(Parting Line) 표시

1 황동판을 샤프 펜슬로 약 1.5cm 두께의 간격으로 선을 긋고 크기는 다양하게 준비해 놓는다.

2 준비된 황동판을 가위로 자른다.

황동판이 없을 때는 크리어 파일과 같은 재질로 대체할 수 있다. **Info**

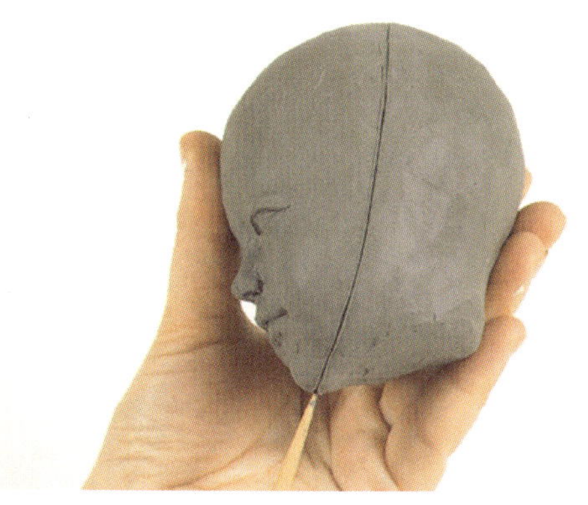

1 원형이 잘 분리될 수 있도록 두 쪽으로 분할하고 퍼팅 라인을 헤라로 표시한다.

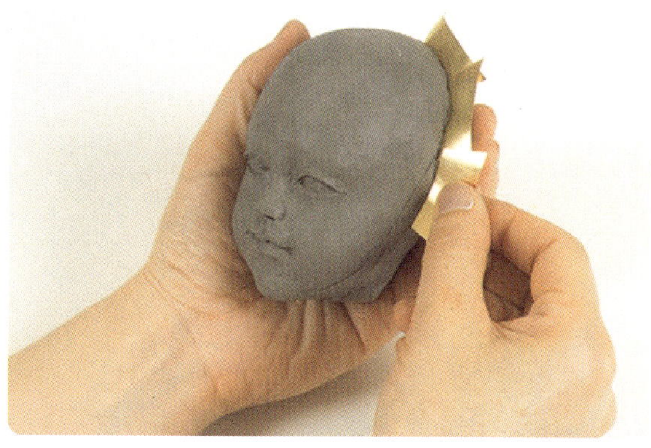

2 준비한 황동판을 틈새가 벌어지지 않도록 지그재그로 하나씩 약 2~3mm 정도씩 겹치게 끼워 연결한다.

3 황동판을 끼운 후 틈이 벌어신 부분은 헤라로 마무리한다.

4 황동판이 드리워진 부분은 스카치테이프로 붙여 일자로 연결될 수 있도록 붙인다.

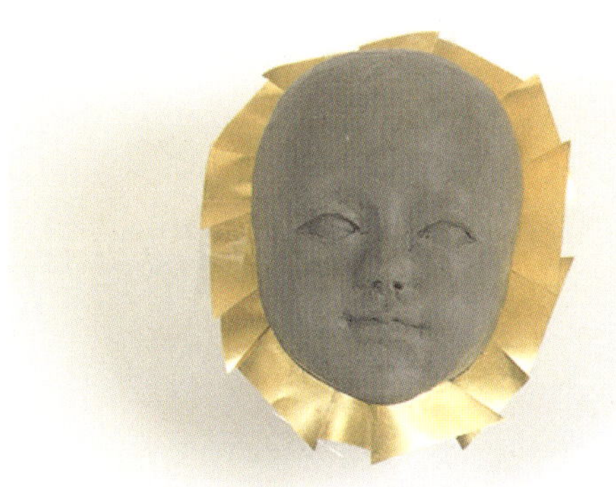

5 그림과 같이 완성한다.

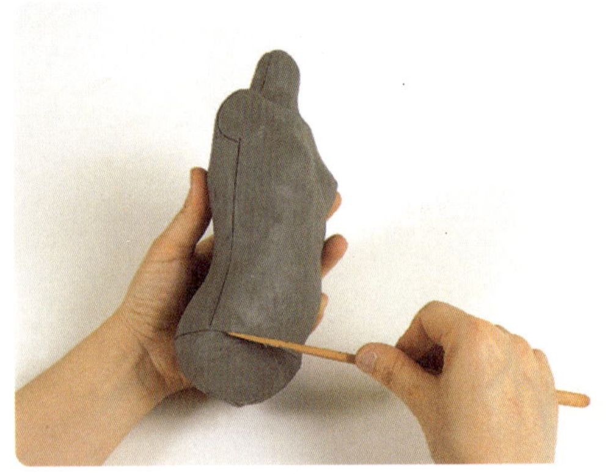

1 몸은 원형이 잘 분리될 수 있도록 좌우 중앙선과 엉덩이 선의 3개소로 분할하여 퍼팅 라인을 헤라로 긋는다.

2 머리와 같은 방법으로 황동판을 틈새가 벌어지지 않도록 하고 스카치테이프로 붙여 일자로 연결될 수 있도록 한다.

Step 3 다리(Legs)

Step 4 팔(Arms)

머리와 같은 방법으로 다리는 원형이 잘 분리될 수 있도록 2개소에 퍼팅 라인을 긋고 황동판을 틈새가 벌어지지 않도록 하며 드리워진 부분은 스카치테이프로 붙여 일자로 연결될 수 있도록 한다.

다리와 같은 방법으로 한다.

석고 몰드 제작

1 석고의 종류와 보관 방법

석고의 종류는 특급 또는 A급이 적당하며, 석고는 공기와 접촉하면 덩어리가 생길 염려가 있으므로 사용하다 남은 것은 비닐봉지에 담아 밀폐 용기에 넣어 보관하는 것이 좋다. 이때 방습제 또는 건조제를 넣어두면 습기를 방지할 수 있다.

2 석고의 처리 방법

석고 용기, 도구 등에 묻은 석고를 그대로 하수구에 씻어 버리면 하수구가 막힐 염려가 있으므로 될 수 있으면 전용 용기에 씻도록 한다. 침전이 되면 위의 물만 살짝 따라서 버리고 침전된 석고는 비닐봉지에 담아 가라앉히고 나서 분리 처리한다.

3 석고 틀 제작의 준비

퍼팅 라인에 황동판을 연결하여 준비해놓은 것들이 쓰러지지 않도록 밑에 유토를 받쳐 기울지 않게 석고가 흐르지 않도록 준비해 놓는다.

Step 1 머리(Head) 제작

(1) 머리 앞면 제작

1 머리 밑에 유토를 기울지 않게 받쳐 놓는다.

2 고무용기에 물 약 200cc를 준비한다.

고무용기가 없을 때는 법랑 냄비 또는 스테인리스 볼로 대체 가능하다. **Info**

3 물이 거의 안 보일 정도까지 석고를 조금씩 털어 넣는다.

4 석고가 침전될 때까지 기다린다.

5 가라앉은 후 여분의 물은 비닐봉지에 따라 버린다.

6 스테인리스 헤라로 일자(1자)로 그으면서 잘 섞는다.

7 거품을 걷어내고 소프트 크림 상태가 될 때까지 기다린다.

8 소프트 크림 상태가 되면 스테인리스 스푼으로 떠서 눈, 코, 입의 요철 부분부터 얹어주고 빠른 동작으로 황동판 선까지 석고를 얹는다.

9 소프트 크림 상태가 되면 스테인리스 스푼으로 떠서 빠른 동작으로 머리 전체를 약 1cm의 일정한 두께가 되도록 석고를 얹는다.

10 고무용기에 붙은 석고는 비닐봉지에 긁어서 버리고 약간의 물을 넣어 닦는다.

11 전체적으로 약 1cm 정도의 일정한 두께를 낸다.

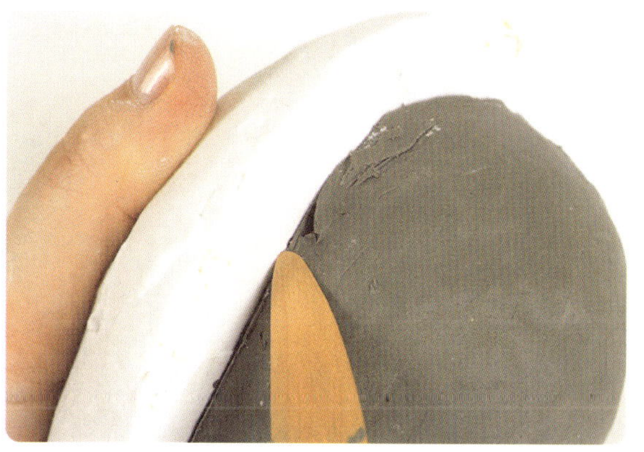

12 황동판은 다 떼어낸 후 흘러내린 석고를 평끌로 정리한다.

13 떼어낸 부분을 헤라로 깔끔하게 마무리한다.

(2) 머리 뒷면 제작

1 석고 이형제를 석고 부분에 붓으로 빠진 부분이 없도록 잘 바른다.

2 밑바닥이 둥글기 때문에 쓰러지지 않도록 유토로 받쳐 놓는다.

3 고무용기에 약 200cc의 물을 넣는다.

4 물이 안 보일 정도까지 석고를 조금씩 털어 넣은 다음, 물이 침전될 때까지 기다린다.

5 가라 앉은 후 여분의 물은 비닐봉지에 따라 버린다.

6 헤라로 일자(1자)로 그으면서 잘 섞는다.

7 거품을 걷어내고 소프트 크림 상태가 될 때까지 기다린다.

8 소프트 크림 상태가 되면 스테인리스 스푼으로 떠서 빠른 동작으로 머리 전체를 약 1cm의 일정한 두께가 되도록 석고를 얹는다.

9 고무용기에 붙은 석고는 비닐봉지에 긁어서 버리고 약간의 물을 넣어 닦는다.

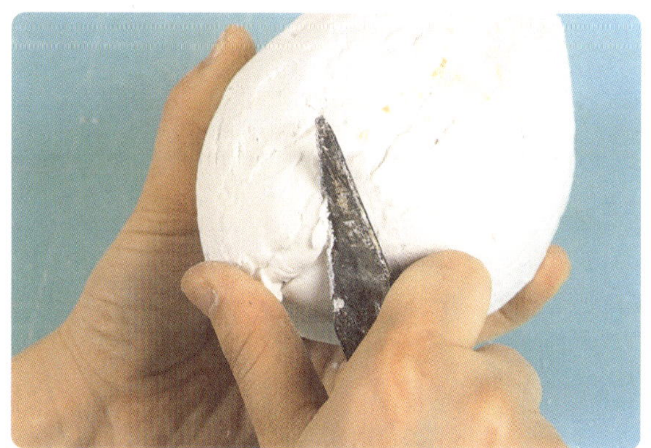

10 경화되면 흘러내린 석고를 경계선을 중심으로 서각 칼로 긁어낸다.

11 석고의 앞면, 뒷면의 경계선 표시를 해둔다.

석고가 경화되는 과정에서 열이 발생하여 약 35도 정도의 체온 상태가 되는데, 점차 열이 내려가게 되면 차가워진다. 이때 10~14번 과정을 진행하도록 한다. **Info**

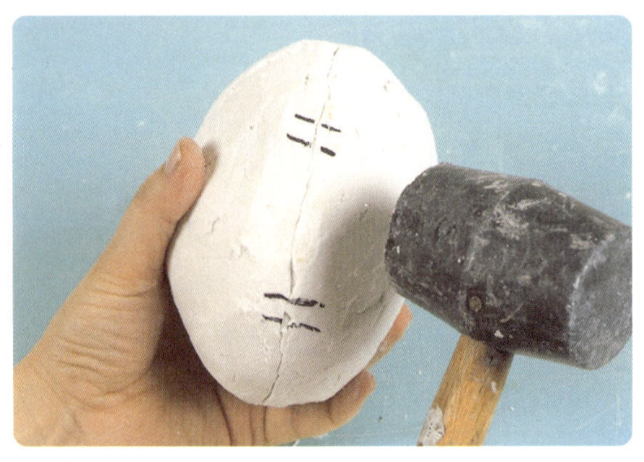

12 뚜껑을 분리하기 위해 경계선에 고무망치를 두드린다.

13 머리의 석고 뚜껑을 연다.

14 분리된 석고 몰드

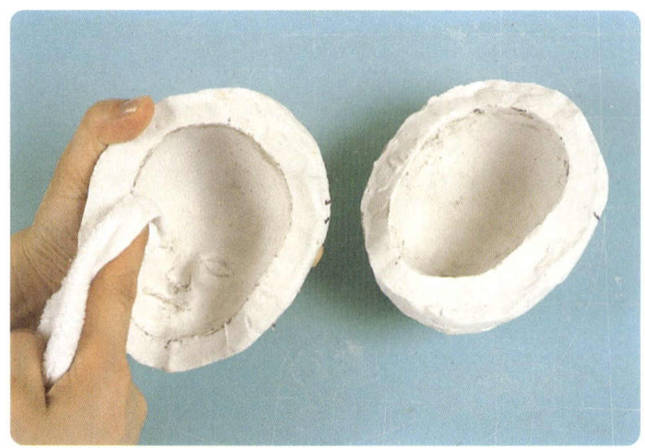

15 석고 몰드 표면에 묻은 유토를 마른 수건으로 닦아낸다.

몸(Body) 제작

(1) 몸 앞면 제작

고무용기에 약 300cc에 물을 넣는다. 몸의 앞면 제작은 머리 제작 과정의 2~10번과 같이 작업을 진행한다.

(2) 몸(Body) 뒷면 제작

1 퍼팅 라인의 엉덩이 선에 준비한 황동판을 틈새가 벌어지지 않도록 지그재그로 하나씩 끼워 연결하고 들뜬 부분을 스카치테이프로 연결되게 붙인다.

앞면의 석고면과 붙지 않도록 석고 연결선에 석고 이형제를 **Info** 바른다.

2 고무용기에 물 300cc를 넣고 머리 제작 과정 2~8번과 같이 작업한다.

3 전체적으로 1cm 정도의 일정한 석고 틀의 두께를 낸다.

4 엉덩이 선의 황동판을 하나씩 떼어낸다.

(4) 몸의 엉덩이 제작

1 석고 이형제를 유토 본체를 제외한 석고 틀 부분에 붓으로 꼼꼼이 빠진 곳 없이 바른다. 물 100cc를 넣고 머리 제작 과정 2~8번과 같이 작업한다.

2 전체적으로 1cm 정도의 일정한 석고 두께를 낸 다음 흘러내린 석고의 경계선을 긁어낸 후 이음선을 표시한다. 나머지 과정도 머리 석고 제작 과정 9~14번과 같이 반복한다.

Step 3 다리 제작(왼쪽/오른쪽)

다리 앞면, 뒷면 제작

고무용기에 약 250cc 정도의 물을 넣는다. 다리 앞면은 머리 제작 과정 2~15번과 같이 작업을 진행하고 다리 뒷면은 머리 뒷면 제작 과정과 동일하게 작업한다.

Step 4 팔(Arms) 제작(왼쪽/오른쪽)

팔 앞면, 뒷면 제작

고무용기에 약 120cc에 물을 넣은 다음 머리 제작 과정 2~15번과 같이 진행하고 팔 뒷면 제작은 고무용기에 약 120cc 정도 물을 넣은 다음 머리 뒷면 제작 과정과 동일하게 작업한다.

석고틀 앞면 전체 완성도

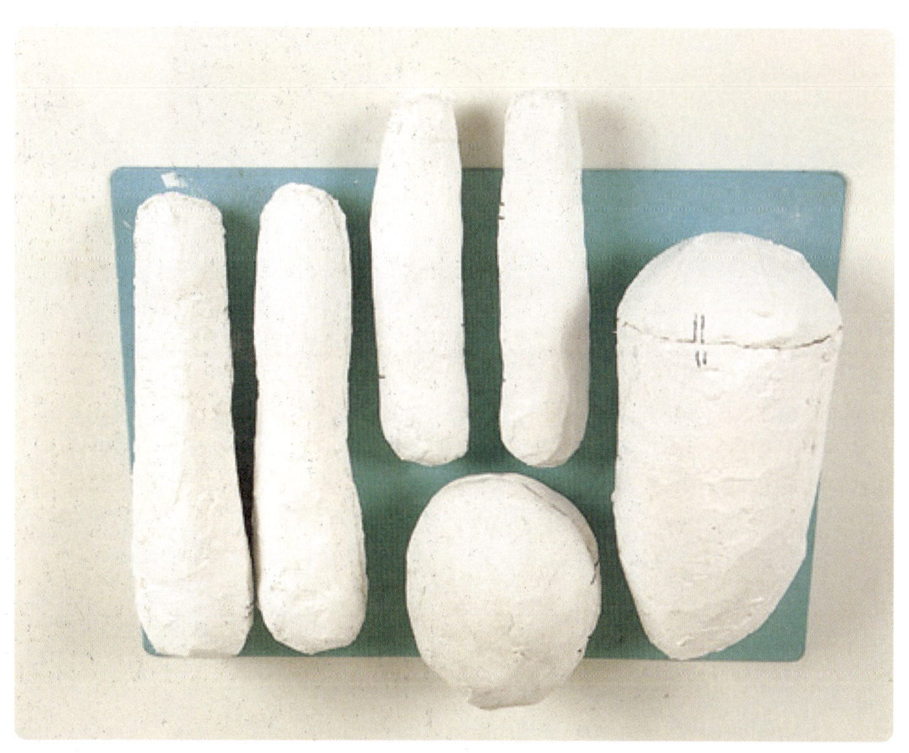

석고틀 뒷면 전체 완성도

점토 성형

「Part 3 석고 몰드 제작」에서 제작한 석고 몰드에서 석분 점토로 복제한 후 얼굴 표정이나 근육, 귀, 손, 발 등의 표정 및 이미지를 변형해 세밀 작업을 하여 인체를 조형하는 작업 과정이다.

석분 점토 사용상의 주의점

❶ 점토는 잘 반죽해야 밀도를 높일 수 있고 균열, 뒤틀림 등 변형의 원인을 예방할 수 있으니 잘 반죽해서 사용해야 한다.

❷ 건조된 상태에서 수정 및 보수 연결 작업을 할 때는 수분의 조건을 맞추어야 하므로 연결되는 부분에 반드시 붓으로 물을 바른 후 연결 작업을 한다. 물을 바르지 않고 건조된 상태에서 새 점토를 쌓아 올리면 수분 차에 의해 연결 부분의 틈이 벌어지거나 갈라지는 원인이 되므로 주의한다.

❸ 점토는 공기와 접촉하면 자연 건조로 인해 굳어지므로 사용 후에는 랩에 싸서 공기가 안 통하는 밀폐 용기에 보관한다. 차가운 곳에 두면 굳을 수 있으므로 온도 변화가 적은 곳에 보관하는 것이 좋다.

❹ 굳었을 때 비닐봉지에 싸서 40-60℃ 정도 물에 중탕하면 다시 부드러워져 작업하기 좋은 상태로 돌아온다(단, 건조되어 딱딱해진 것은 효과가 없다).

환도 소프트 석분 점토의 특징

❶ 돌가루가 주성분이며, 입자가 매우 곱고 밀도가 높다.

❷ 내수성이 강하므로 수분이 잘 스며들지 않아 피부 채색하는 데 아주 적합하다.

❸ 강도는 시중의 석분 점토보다 매우 강하고 단단하며, 구체관절인형과 같이 마모와 마찰이 심한 작품 제작에 적합하다.

❹ 입자가 곱고 밀도가 높아 사포하면 할수록 표면에 광택이 나서 작품의 완성도가 높다.

❺ 건조되면 석고와 같이 색상이 하얗게 변한다.

❻ 기타

석고틀 복제 작업 과정

유토로 원형 제작 과정을 거쳐 석고 몰드 작업을 한 석고 틀에 석분 점토를 밀어 넣어 구체관절인형으로 복제하는 과정을 설명한다.

○ 준비물

환도 소프트 5개, 점토판, 밀대, 두께 7mm 막대기, 카타, 스테인리스 세공봉, 나무헤라, 용기, 고무밴드, 마스터 아이 베벨러, 철제봉 사포, 점토 풀, 물, 헤라, 고무밴드, 머리 뚜껑

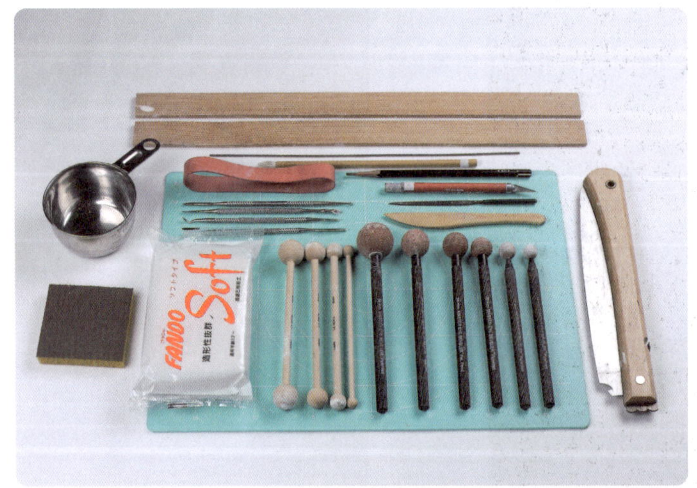

1 점토 반죽하기

석분 점토를 약 15도 각도로 같은 방향으로 반복
하여 겹치게 반죽한다. 점토의 수분 함유량에 따
라 뻑뻑하다고 생각될 때 물을 조금씩 묻히면서
반죽하면 점토가 부드러워진다. 단, 물을 너무 넣
으면 질어서 석고 틀에 붙을 수 있으니 주의한다.

반죽 효과   Info

점토 속 거품을 빼고 밀도를 높이는데 효과적이며 강도도 강해
진다.

2 점토 풀 만들기

석고 몰드 석분 점토의 원형 뚜껑(앞면과 뒷면)을 연결하기 위하여 이음새에 점토 풀을 연결선에 묻혀서
연결하면 잘 붙는다.

점토에 물을 조금씩 넣으면서 헤라로 반죽하면서
덩어리가 없도록 잘 풀어서 점력이 좋은(끈적끈
적) 상태로 만들어 공기와 접촉이 안되게 밀폐 용
기 속에 보관해 둔다.

Step 1 머리 복제

1 반죽한 점토를 균일한 두께를 내기 위해 약 7mm 두께
의 막대기를 놓고 밀어서 앞면, 뒷면 2장을 준비한다.

이때 눈, 코, 입은 요철이 많으므로 누를 때 형태의 변형이 안 가도록 조심하고 코 부분이 얇아질 수 있으므로 주의하며, 일정한 두께를 유지하도록 한다. 만약 얇아진 부분은 표면에 물을 칠해서 점토를 붙여 일정한 두께가 되도록 보수한다.

2 머리의 석고 몰드에 1번의 밀대로 밀어서 준비한 점토를 앞면 석고 몰드에 밀어 넣는다.

3 2번처럼 밀어 넣은 후 그림과 같이 여분의 점토는 손으로 모서리로 밀어서 떼어낸다. 뒷면 몰드도 2~3번과 같이 준비한다.

4 여분의 점토를 잘라낸 경계선 안쪽과 바깥쪽의 중앙에 걸치도록 만들어 놓은 점토 풀을 얹는다(앞면, 뒷면).

5 앞면, 뒷면 몰드에 표시한 연결선에 맞추어 뚜껑을 덮는다.

6 뚜껑을 덮어서 고무밴드로 고정한다.

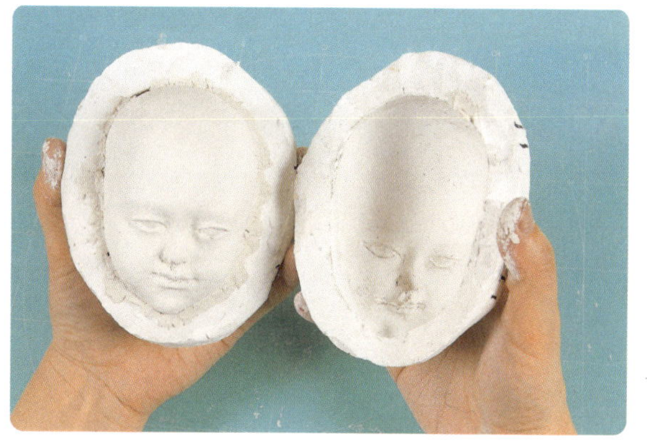

Info

점토 원형의 형태 변화가 없을 정도의 반건조 상태가 가장 적당하며, 너무 건조되면 점토 풀이 석고 틀에 들러 붙어 잘 떨어지지 않을 수 있으므로 주의(건조 : 8~10 시간 정도, 드라이어기를 이용하면 건조 시간을 단축할 수 있다)한다.

7 반건조 후 석고 뚜껑을 분리한다. 분리가 잘 안될 때는 고무망치로 경계선을 살살 두드려서 분리한다.

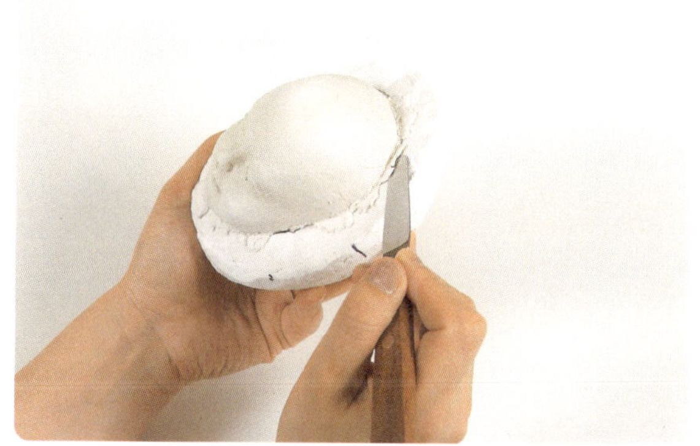

8 뚜껑을 떼어낸 후 점토 원형이 들어 있는 석고 몰드이 가상자리를 팔레트 나이프로 떼어낸다.

9 석고 몰드에서 떼어낸 점토 복제 머리 원형

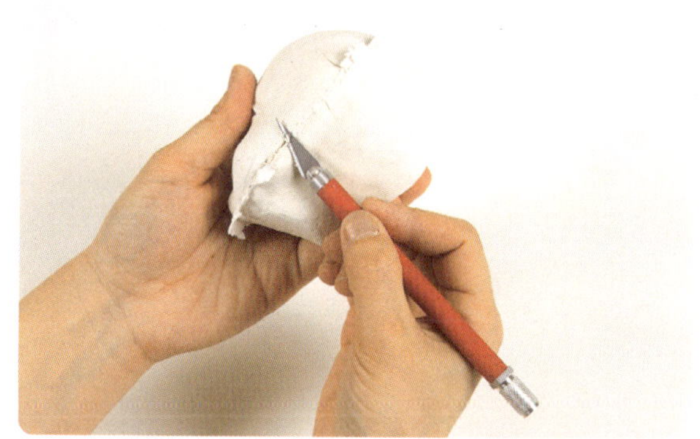

10 퍼팅 라인에 밀려난 점토 풀 자국은 커터 나이프로 정리한다.

A의 머리 복제 방법과 같이 작업한 후 각각 신체 부위별로 세밀하게 조형한다.

Info

팔, 다리의 팔목이나 발목 부분은 얇으므로 텐션 줄이 통과할 수 있도록 공간을 확보해 놓는다.

세밀 조형 및 보수 작업

◯ 준비물

사포망, 용기, 혼합 반죽한 점토, 마스크,
정밀 스텐 헤라, 붓, 종이사포 #380,
#500, #800, #1000

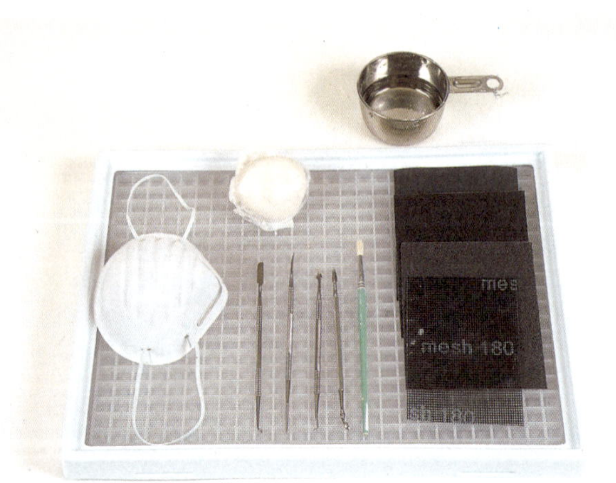

TIP

건조된 상태의 원형을 보수할 때에는 반드시 수분 조건을 맞추어 주는 것이 중요하다. 즉, 원형은 건조되어 있는 상태인데, 젖어있는 새 점토를 원형에 붙였을 경우 수분의 차로 인해 건조 과정에서 틈이 벌어지거나 균열이 생길 수 있으므로 반드시 수정할 부분은 2~3회 이상 붓으로 물을 발라서 수분 조건을 맞추어 주는 것이 좋다.

얼굴 표정의 세밀한 표현은 제작하고 싶은 연예인의 이미지 또는 지인을 모델과 사진을 참고하면 이미지 표현에 많은 도움을 얻을 수 있다.　**Info**

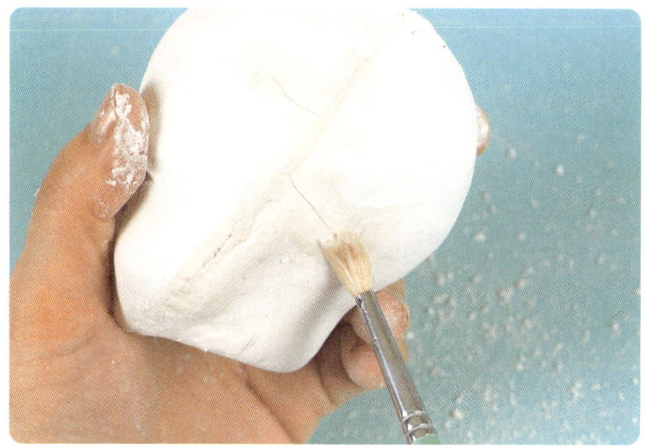

1 퍼팅 라인의 틈이 벌어지거나 보수하고자 하는 부분
에 붓으로 물을 2~3회 정도 바른다.

2 물을 바른 부분을 헤라로 눌러 공기를 빼준다.

3 헤라로 누른 부분에 코일링한 점토를 밀어 넣는다.

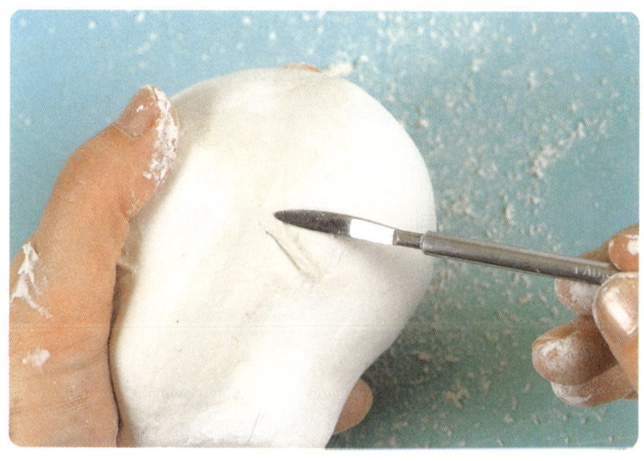

4 수정한 부분을 표면과 같이 정리한 후 탄력있는 평
붓으로 닦아주면 표면이 깨끗하게 성리된다.

5 콧방울에 좀더 볼륨을 원하면 수정할 부분에 물을 바
르고 점토를 붙여 수정 보완한다.

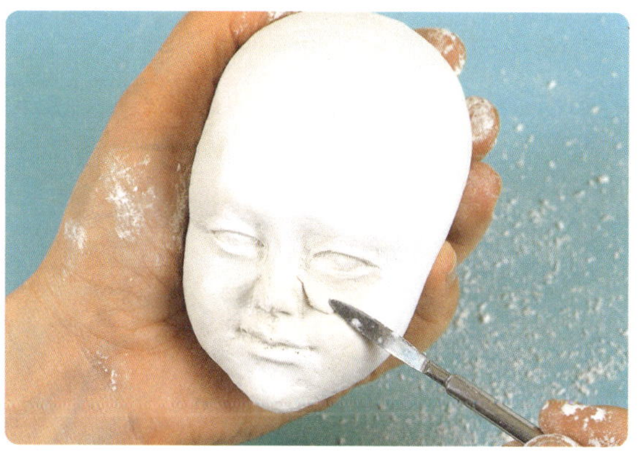

6 코와 볼 라인의 입체감을 표현하고 싶을 때 그 부분
에 물을 바르고 점토를 붙여서 수정 보완한다.

7 표현 후 붓으로 ·표면을 깨끗이 정리한다.

Step 2 귀 제작 방법

귀 조형

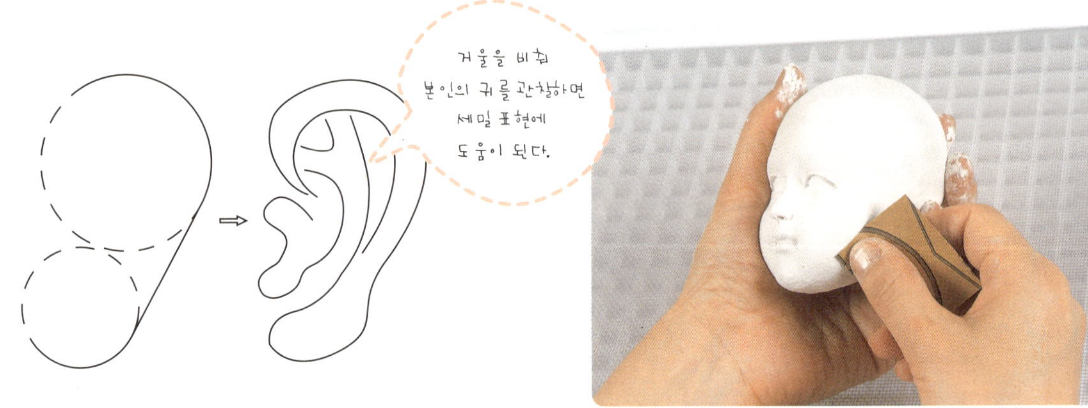

1 귀의 조형은 그림과 같이 참고하여 점토로 세밀 조형한다.

2 귀의 주변을 종이 사포 #500으로 사포한다.

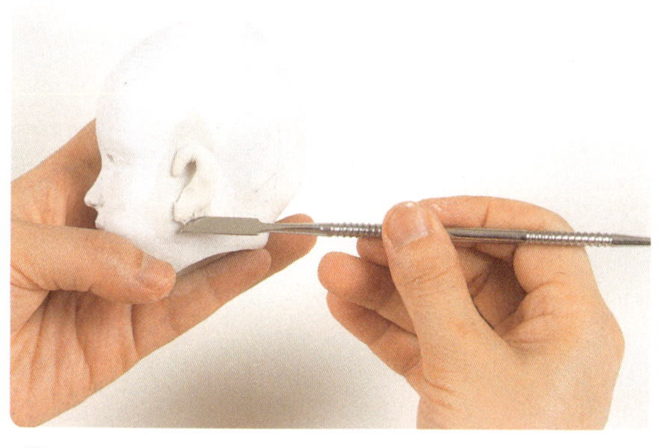

3 귀를 붙일 위치에 붓으로 물을 3~4회 충분히 바른 후 점토를 그림과 같이 코일링하여 귀의 위치에 붙인다.

4 귀의 뒷면은 그림과 같은 형태로 만들고 여분의 점토는 헤라로 빼낸다.

5 귀의 이미지를 세밀 작업한다.

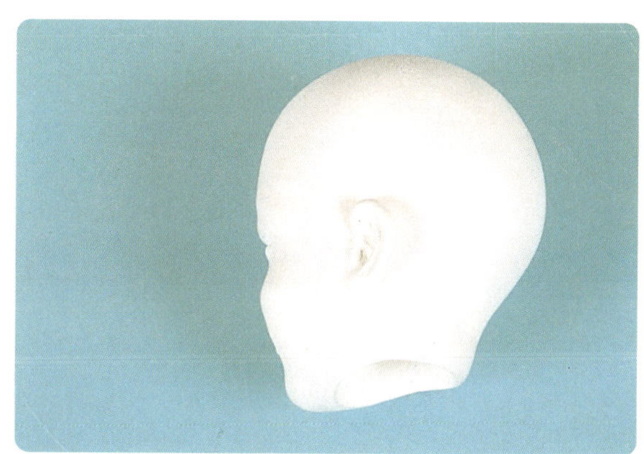

6 완성된 귀의 모습

Step 3 손, 발 조형

○ **준비물**

환도 소프트, 오공 본드, 티슈, 실, 롱로즈,
알루미늄 선 12mm×70~80Cm

(1) 손 조형

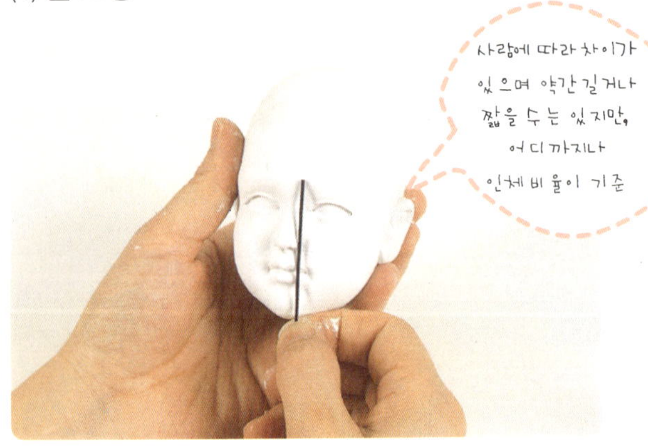

1 손 크기의 기준은 눈썹 선에서 턱 선까지 잰 것으로 손의 표준 사이즈가 된다.

2 다섯 개 손가락을 표현할 알루미늄 선을 왼쪽 손, 오른쪽 손 사이즈 별로 잘라 놓는다.

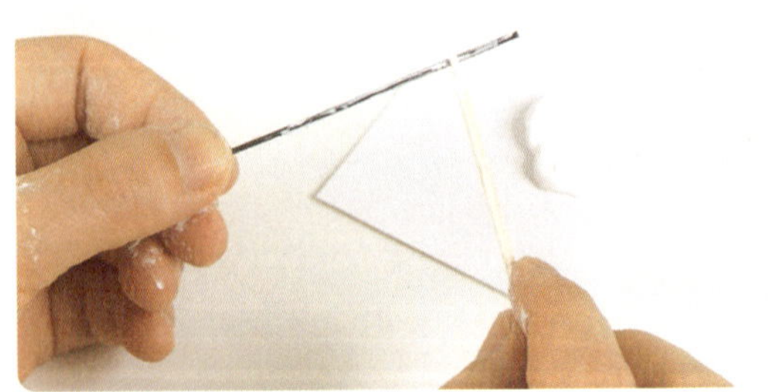

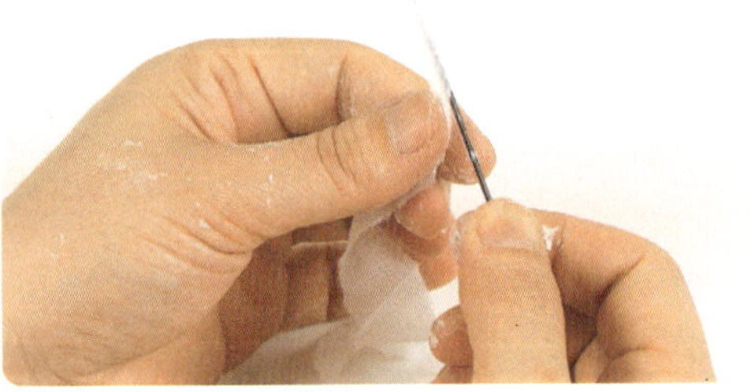

3 잘라놓은 알루미늄 선에 하나씩 오공 본드를 바른다.

4 본드를 알루미늄 선에 티슈를 찢어서 하나씩 사선으로 만다.

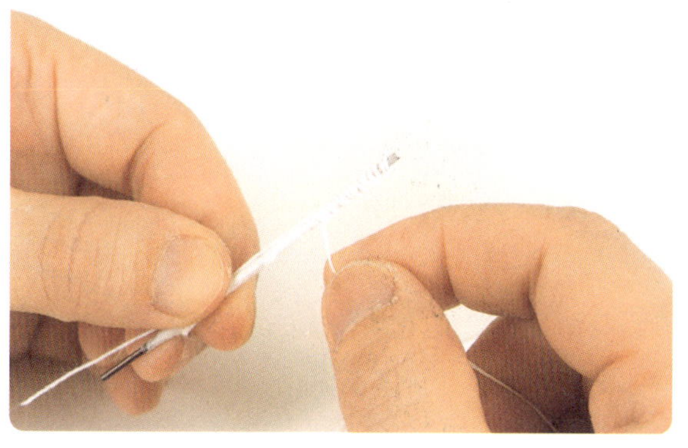
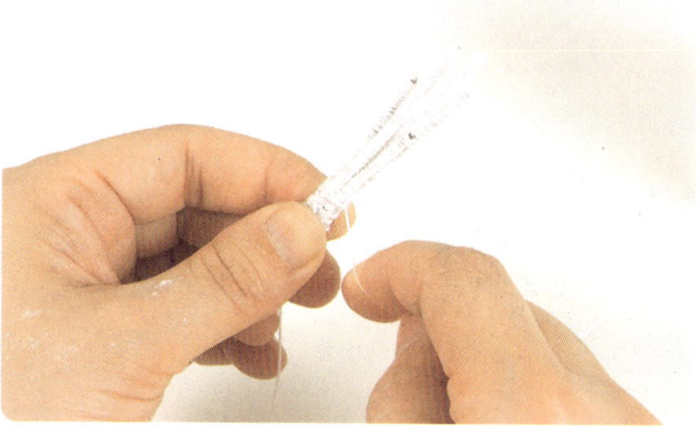

5 티슈로 마른 위에 실로 감싸 만다. 알루미늄 위에 직접 점토를 붙이면 미끄러워 헛돌기 때문에 점토가 잘 밀착되도록 하기 위한 준비 작업이다.

6 5개의 손가락을 순서대로 놓고 손목 부분을 실로 묶는다.

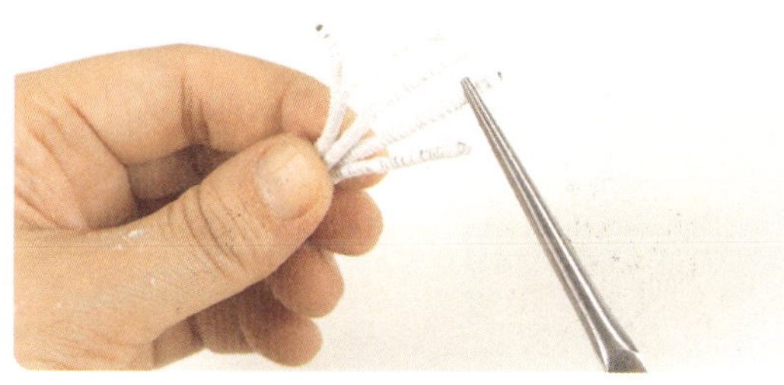
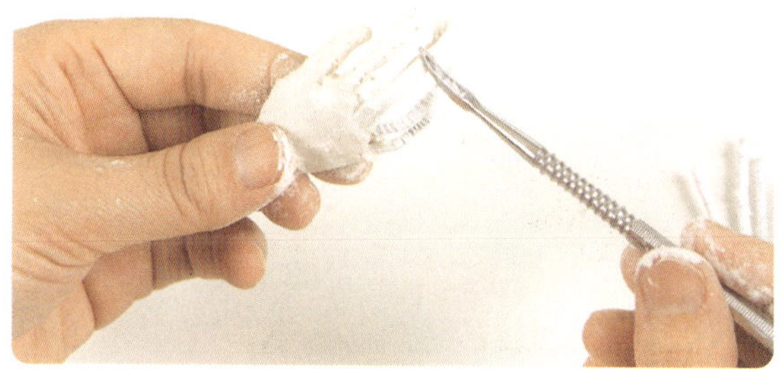

7 손가락 마디를 포즈에 따라 롱노스로 굽힌다.

8 점토를 붙여 뼈대를 성형한다.

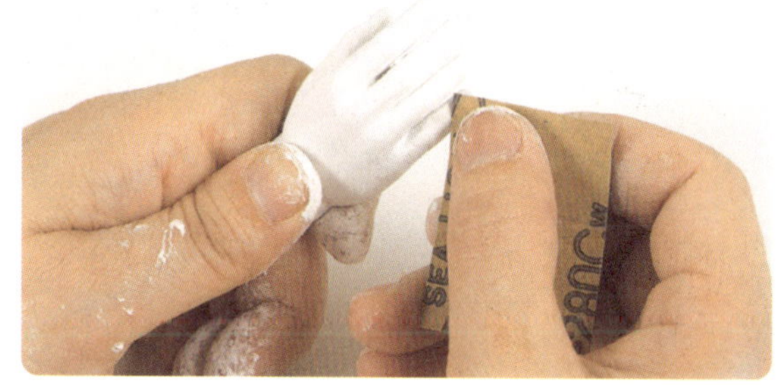

9 손의 포즈 형태를 점토로 조형한다.

10 건조 후 표면을 사포한다.

(2) 발 제작

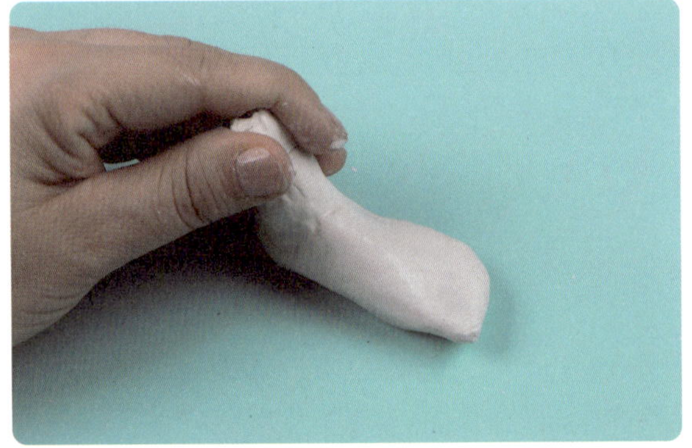

1 점토로 발의 형태를 만든다.

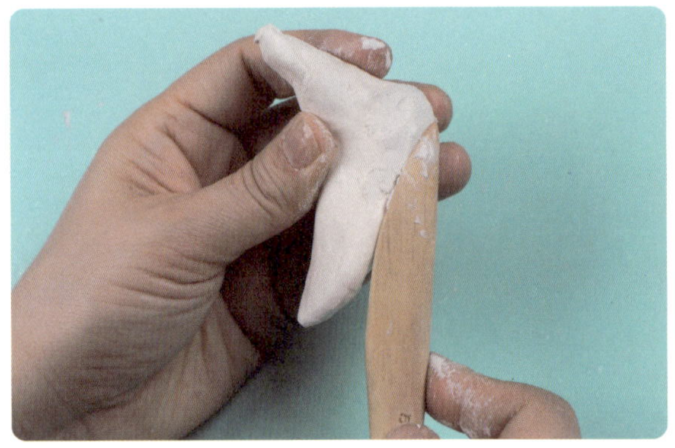

2 발뒤꿈치, 아킬레스, 발바닥, 발등의 양감을 조형한다.

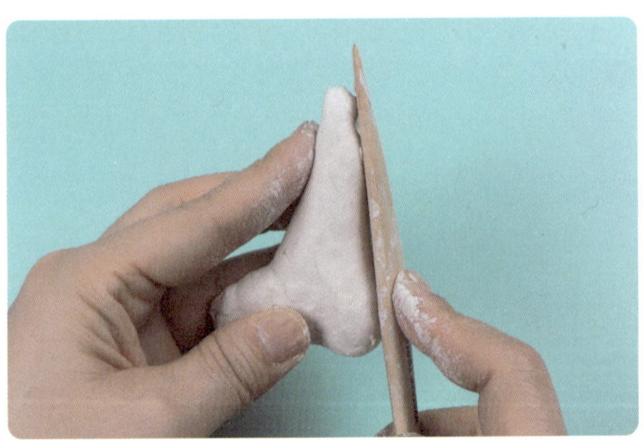

3 발바닥의 양감을 확인한다.

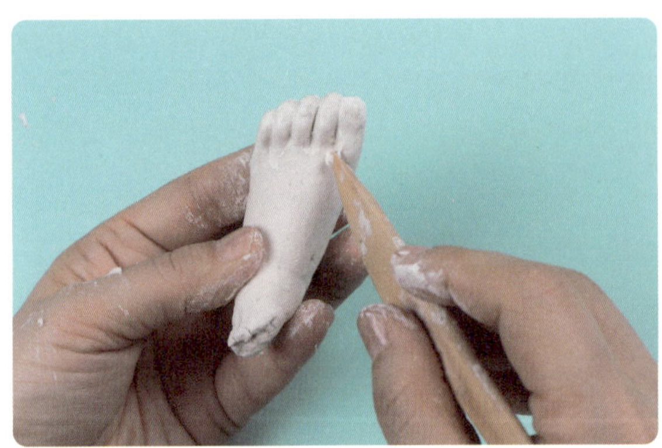

4 발가락 사이를 헤라로 양감을 표현한다.

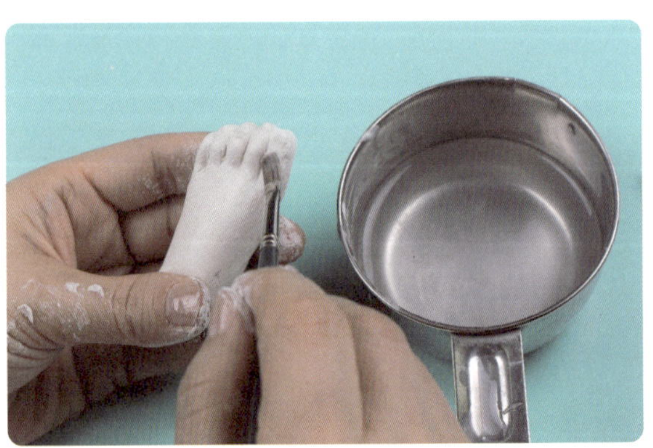

5 발가락 사이는 평붓에 물을 묻혀서 닦아 표면 정리한다.

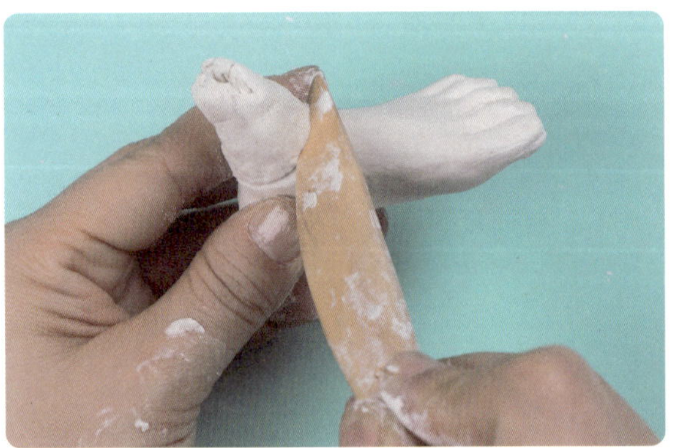

6 구(Ball)를 연결할 수 있게 복사뼈를 기준으로 발목선을 자른다.

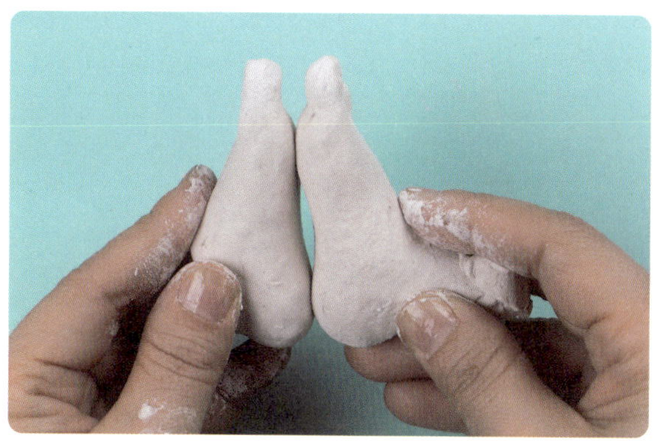

7 좌우 발 사이즈와 대칭이 맞나 맞춰본다.

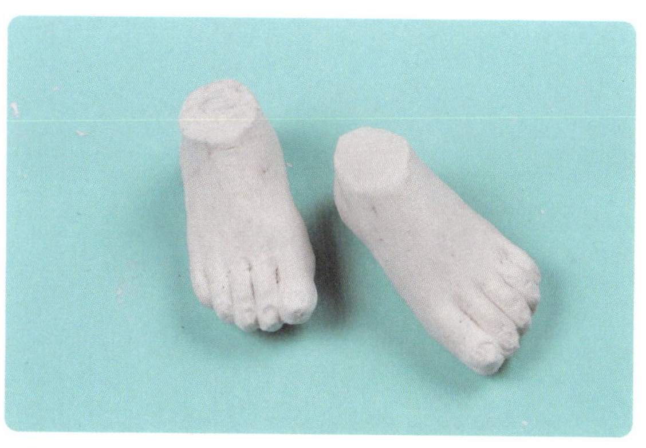

8 좌우대칭에 맞춰 발목을 잘라내 구(Ball)를 조립할 수 있게 준비한다.

9 건조 후 사포한다.

자신의 발목과 발을 참고한다.

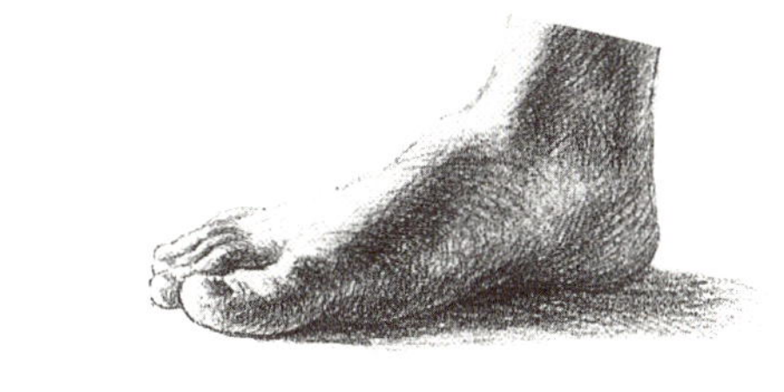

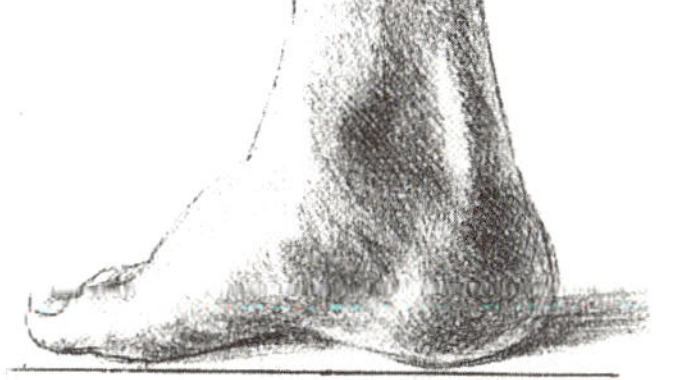

구(球) 제작 및 연결 과정

⬤ 준비물

점토, 점토 풀, 점토판, 밀대, 정밀 계기(노기스), 연필, 가위, 조각도, 헤라, 붓, 커터나이프, 구 스티로폼, 아이사이저, 철제봉, 직경 3mm 철사

Step 1 　구(球) 제작 방법

1 반죽한 점토를 구(Ball)스티로폼을 감쌀 수 있는 크기의 원형으로 밀대를 사용해 민다.

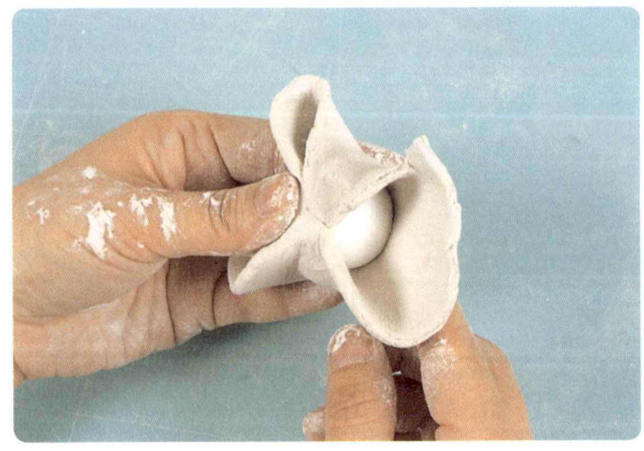

2 구 발포 스티로폼을 그림과 같이 감싼다.

3 겹치는 나머지 여분은 가위로 잘라서 들뜨지 않게 붙인다.

4 그림과 같이 손바닥에 놓고 양손으로 둥글려서 원형으로 만든다.

5 반건조 후 1/3 정도 커트한다.

6 안에 있는 구 발포 스티로폼을 빼낸다.

7 구(球)의 전체 완성도

허벅지(2), 무릎(2), 발목(2), 어깨(2), 팔꿈치(2), 팔목(2)의 구(Ball)의 사이즈에 서로 맞추도록 한다.

머리 뚜껑, 관절 절단 작업 과정

○ **준비물**

　톱, 4B 연필, 마스터 아이 베벨러,
　커터 나이프, 관절 절단 재료

Step 1　머리 뚜껑 절단과 안구 커트

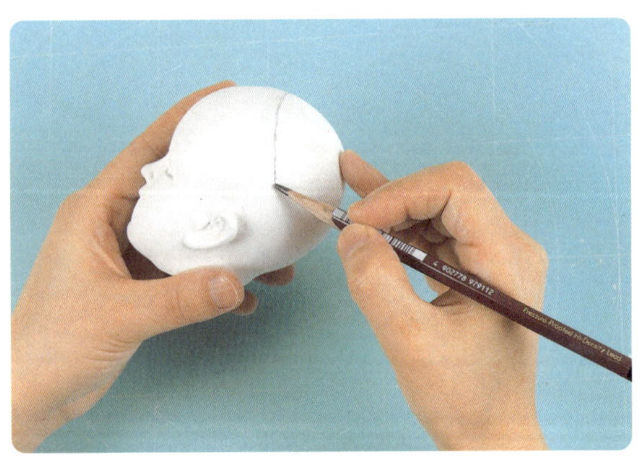

1 머리의 절단선을 그림과 같이 연필로 선을 그린 후 연결선에 이음선을 별도로 표시해 둔다.

2 연필 표시선 대로 좌우 선을 확인하면서 조심스럽게 톱으로 절단한다.

3 안구 중앙에 커터 나이프로 열십(+)자로 파서 표시
한다.

4 표시한 안구 중앙에서 바깥 방향으로 파낸다.

5 파낸 눈 주위는 철제봉으로 표면을 깨끗하게 정리한다.

6 머리 안쪽으로 마스터 아이 베벨러로 안구 사이즈에
맞게 사포한다.

Step 2 다리 무릎 관절 절단

1 무릎을 중심으로 뒤쪽에 상하 45도씩 90도 각도로 사
선과 상하로 연필 선을 표시하고 무릎 중앙은 직선으
로 선을 긋는다.

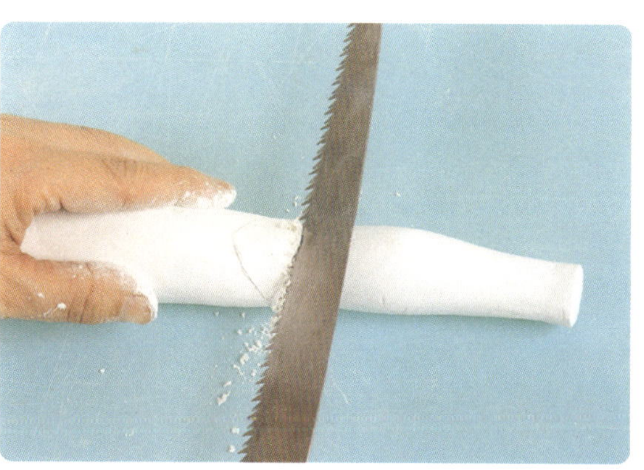

2 그림과 같이 표시한 선대로 톱을 45도 각도로 놓고
표시한 선대로 자른다.

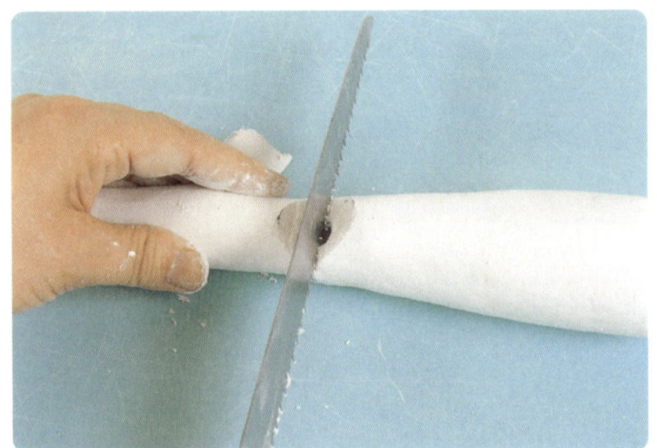

 각각 45도 각도로 자른 후 톱을 똑바로 놓고 자른다.

Step 3 팔꿈치 관절 절단

1 팔꿈치를 기준으로 안쪽에 상하 45도씩 90도 각도로 그림과 같이 연필로 선을 표시하고 팔꿈치 중앙은 직선으로 선을 긋는다.

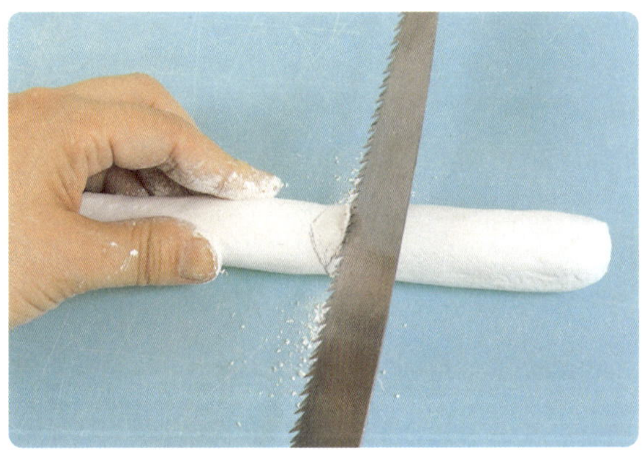

2 그림과 같이 선대로 톱을 45도 각도로 놓고 자른다.

3 각각 45도 각도로 잘랐으면 톱을 똑바로 놓고 팔꿈치 중앙을 직선으로 자른다.

4 어깨 선의 구를 붙일 부분은 어깨선에 맞춰 사선(약 15도 각도)으로 자른다.

머리의 목 연결 구멍 메우기

1 머리의 목 부분에 붓으로 물 3~4회 바른 후 점토 풀을 붙인다.

2 점토를 밀대로 둥근 형태로 밀어서 점토 풀을 붙인 위에 점토를 구(Ball) 사이즈에 맞추어 오목하게 붙인다.

> **Info**
>
> 점토 두께가 얇으면 아이 사이저로 고정할 때 찢어질 수 있으므로 점토의 두께는 약 3~5mm 정도가 적당하다.

3 몸의 목 구(Ball) 사이즈와 맞는 아이 사이저를 물에 묻혀 구(Ball)의 사이즈에 맞도록 좌우를 돌려서 형태를 만든다.

4 여분의 점토는 모서리 쪽으로 밀어서 떼어낸 후 가장자리가 깨끗하도록 마무리한다.

5 건조 후 몸, 목 부분 사이즈의 마스터 베벨러로 사포
한다.

6 몸의 목 부분은 텐션 줄이 통과할 수 있는 구멍을
연필로 표시 후 커터 나이프로 구멍을 뚫는다

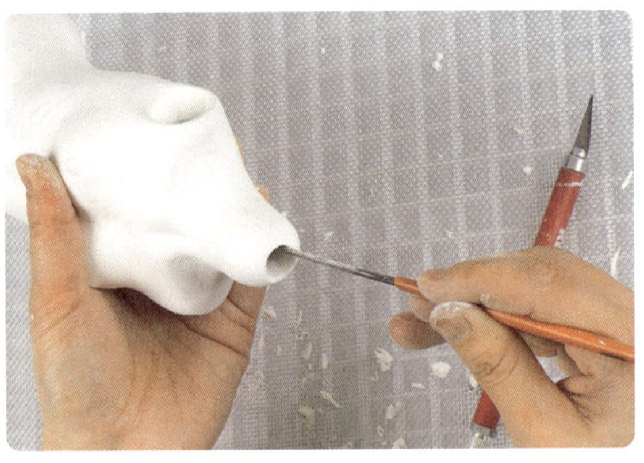

7 구멍을 뚫은 곳을 철제봉으로 사포한다.

Info

건조된 표면에 점토풀이나 점토로 연결 작업할 때는 연결부분에 붓으
로 3~4회 정도 물을 바른 후 연결해야 틈이 벌어지거나 균열을 예방
할 수 있다.

| Step 5 몸과 팔 연결 작업 과정

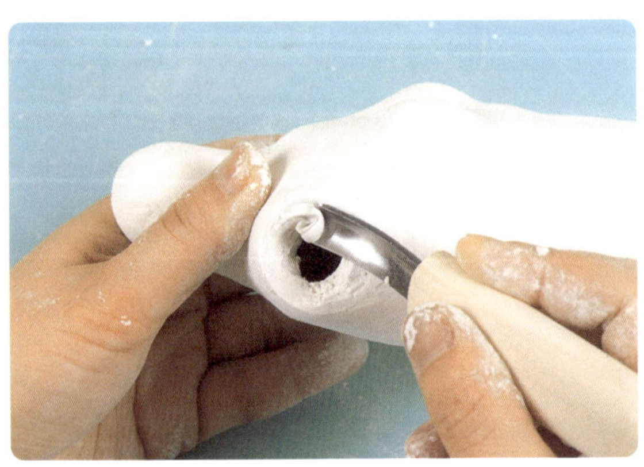

1 몸의 어깨 선을 텐션 줄이 통과할 수 있게 조각도로 구
멍을 판다.

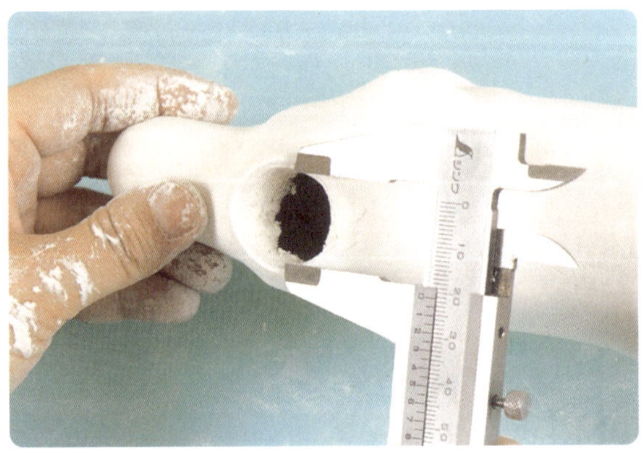

2 몸의 어깨 구멍 내경 사이즈를 버니어 캘리퍼스로
잰다.

3 몸의 어깨 내경 사이즈에 맞추어 팔의 어깨 구(Ball) 사이즈를 균형에 맞게 조정하여 구(Ball) 사이즈를 결정한다.

4 몸의 어깨 부분의 구멍 뚫은 곳에 점토 풀을 붙인다.

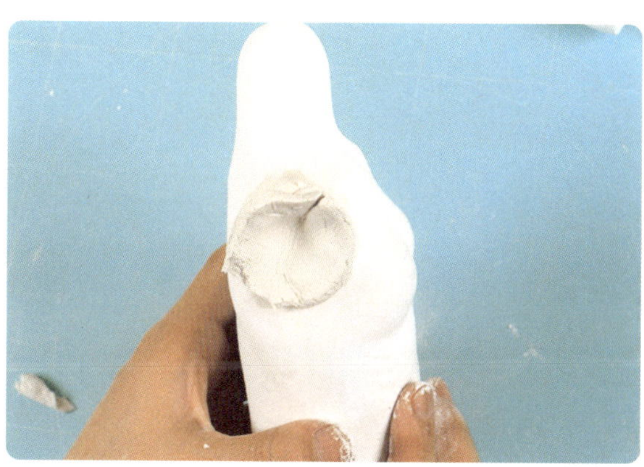

5 점토를 밀어서 원형으로 잘라 점토 풀 위에 얹는다.

6 어깨의 구와 맞는 사이즈의 아이 사이저로 고정시킨다.

7 여분의 점토는 떼어낸다.

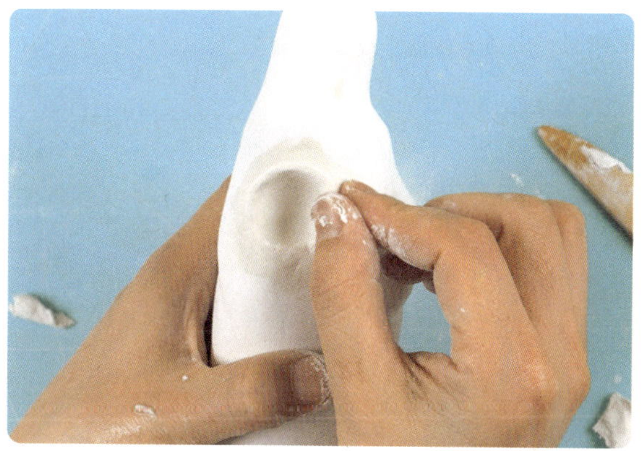

8 점토를 떼어낸 부분을 깨끗이 표면 정리해 건조시킨다.

9 건조 후 마스터 베벨러로 사포한다.

10 텐션 줄이 통과할 구멍을 연필로 표시 후 커터 나이프로 잘라낸다.

11 구멍을 파낸 곳을 철제봉으로 깨끗이 표면 정리한다.

어깨 구 제작

1 관절을 절단한 팔의 어깨 부분을 조각도로 구(球)의 사이즈에 맞게 구멍을 낸다.

2 몸의 어깨 구멍의 내경 사이즈와 구 사이즈가 잘 맞는지를 버니어 캘리퍼스로 잰다.

3 점토 풀을 붙여 준비해 놓은 구(Ball)를 꼭 누르면서 고정한 후 빠져 나온 점토 풀은 잘 정리하여 마무리한다.

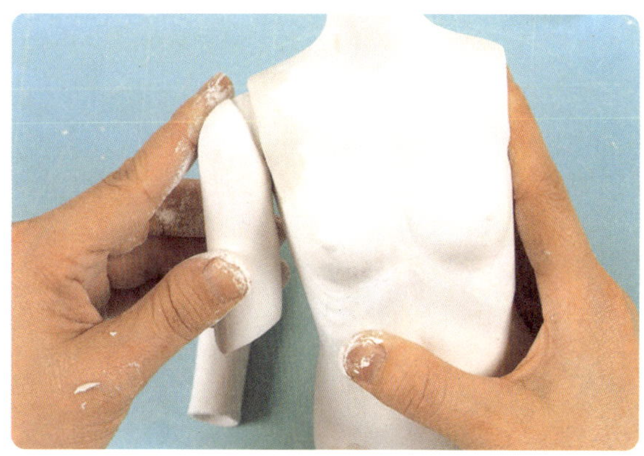

4 몸의 어깨 구멍에 들어가는지 끼워본 다음 텐션 줄이 통과할 수 있게 구멍을 뚫는다.

팔꿈치 구 연결 및 구멍 메우기

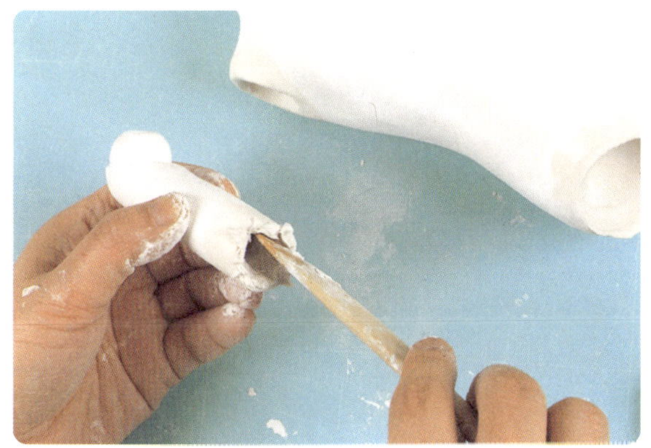

1 절단한 윗 팔 팔꿈치 부분에 구(Ball)에 맞추어 구멍을 만들어 ㄱ 위에 점토 풀을 붙인다.

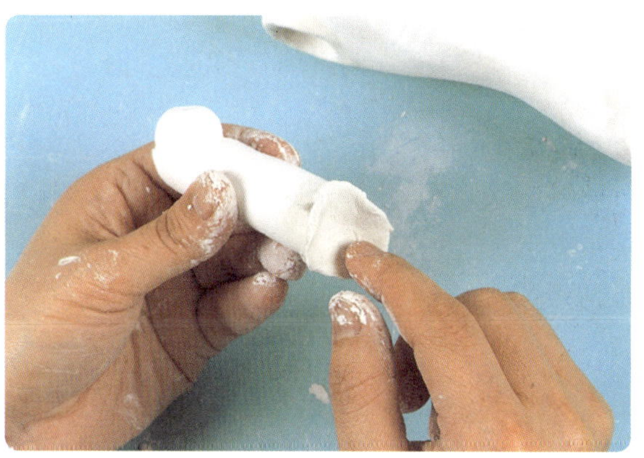

2 점토를 밀대로 밀어 둥근 형으로 잘라 점토 풀 위에 얹어 고정시킨다.

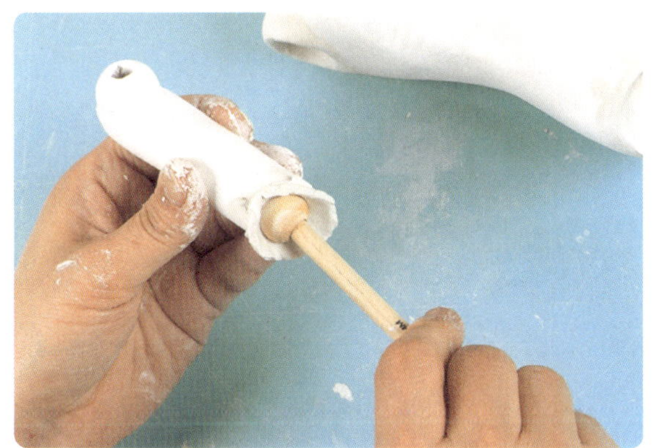

3 팔꿈치 구(Ball)에 맞는 아이 사이저로 고정시킨다.

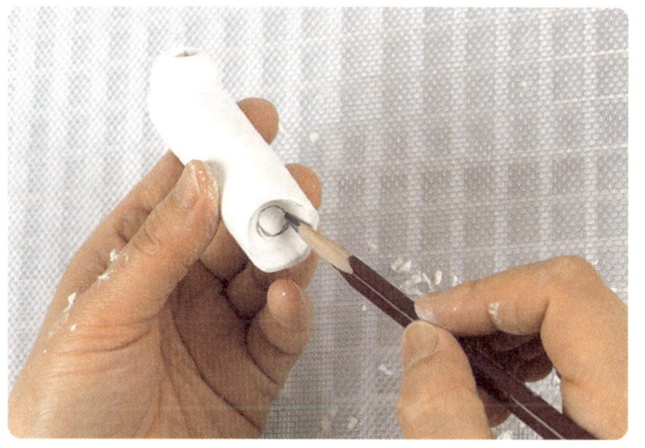

4 여분의 점토는 떼어낸 후 표면 정리한 다음 건조 후 텐션 줄이 통과할 구멍을 연필로 표시한다.

5 연필로 표시한 부분을 커터 나이프로 잘라낸다.

6 팔꿈치와 연결 관절 부분을 구(Ball)가 들어갈 수 있도록 조각도로 파서 구(Ball)를 놓을 위치에 점토 풀을 바른다.

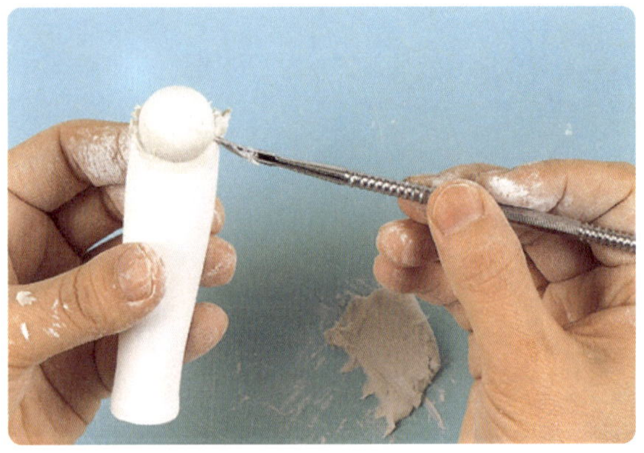

7 점토 풀을 붙인 후 상하 팔꿈치 구 사이즈에 맞는 준비해 놓은 구(Ball)를 꼭 누르면서 고정시킨 후 빠져 나온 점토 풀은 잘 정리하여 마무리한다.

8 아래 팔에 연결한 구(Ball)

9 위팔 관절과 아래 팔의 사이즈가 잘 맞는지 확인한다.

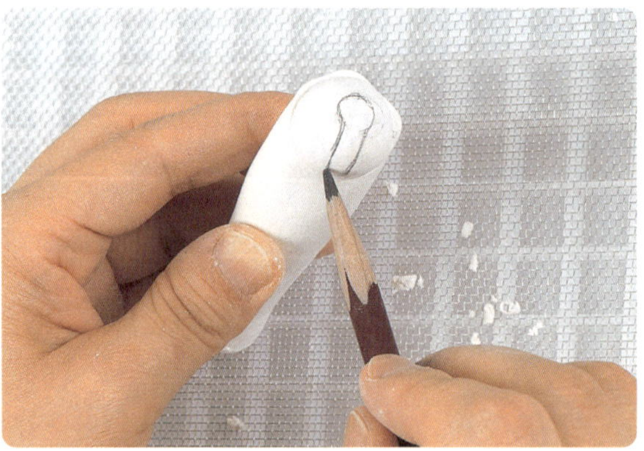

10 위팔과 아래 팔이 텐션 줄이 잘 통과하도록 그림과 같이 연필로 표시한다.

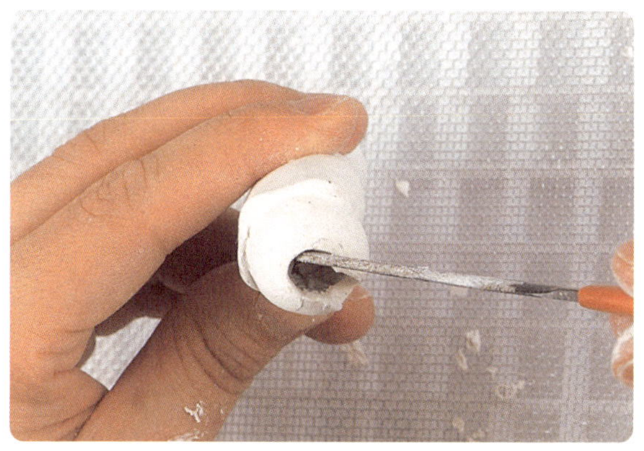

11 연필로 표시된 부분을 커터 나이프로 잘라낸 후 철 재봉으로 깨끗하게 사포한다.

12 아래 팔 구멍 메꾸기도 먼저 설명한 [팔꿈치 구 연결과 구멍 메우기] 제작 과정과 같이 진행하고 붙여서 건조한 후 텐션 줄이 통과할 수 있게 연필로 표시한다.

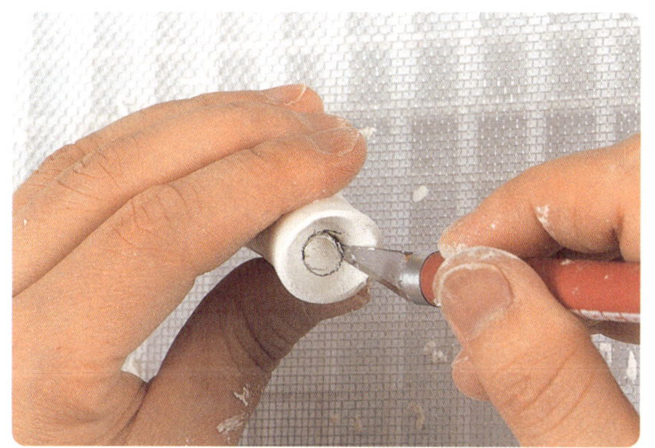

13 연필로 표시된 부분을 커터 나이프로 구멍을 낸다.

14 구멍 뚫은 부분을 철제봉으로 사포한다.

15 텐션 줄이 잘 통과할 수 있는지 직경 약 3mm의 두께의 철사 등으로 그림과 같이 확인한다.

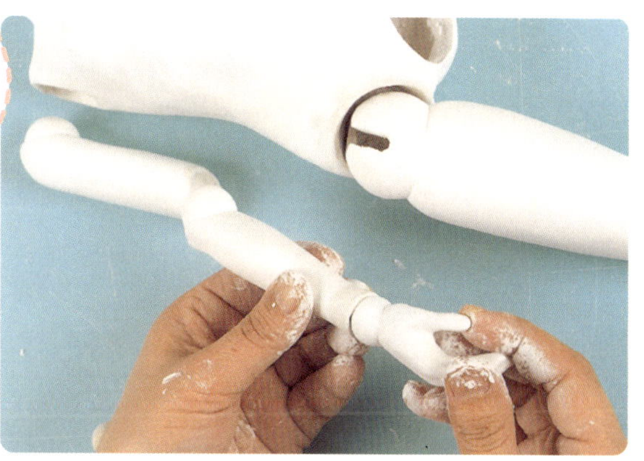

16 아래 팔 손목 부분과 손의 구가 잘 맞는지 확인해 본다.

허벅지의 구 연결

1 조각도로 구를 연결할 수 있는 구멍을 판다.

2 몸의 허벅지 연결선의 내경을 버니어 캘리퍼스로 재어 구(Ball)의 사이즈를 맞춘다.

3 구(Ball)를 붙일 부분에 점토 풀을 붙인 후 구(Ball)를 붙이고 밀려나온 여분의 점토는 떼어내고 표면을 정리한다.

4 1/3로 잘라놓은 구(Ball)를 구멍에 고정한 후 빠져 나온 여분의 점토를 정리한 다음 텐션 줄을 연결할 구멍을 연필로 표시한다.

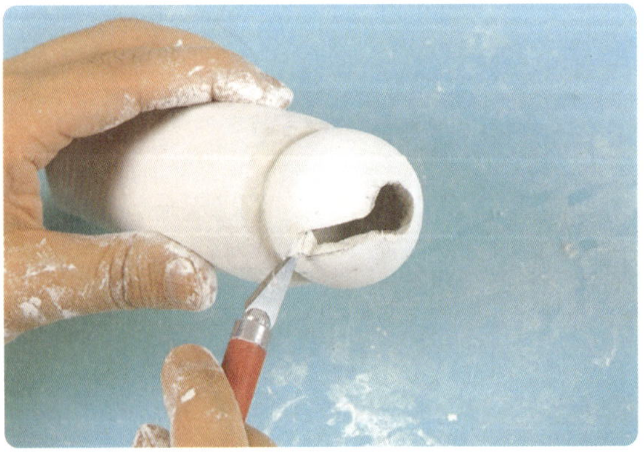

5 연필로 표시한 부분을 커터 나이프로 잘라낸다.

허벅지 하단 무릎 메우기

1 구가 잘 연결될 수 있도록 조각도로 파낸 후 점토 풀을 붙인다.

2 붙인 점토 풀 위에 점토를 밀대로 밀어 원형으로 자른 점토를 위에 얹고 가장자리를 고정한다.

3 얹어 놓은 섬토 위에 누릎 관절 구의 사이즈에 맞는 아이 사이저로 고정한다.

4 여분의 점토는 떼어낸다.

5 반건조 후 텐션 줄이 통과할 수 있도록 연필로 구멍을 표시한 후 커터 나이프로 잘라낸다.

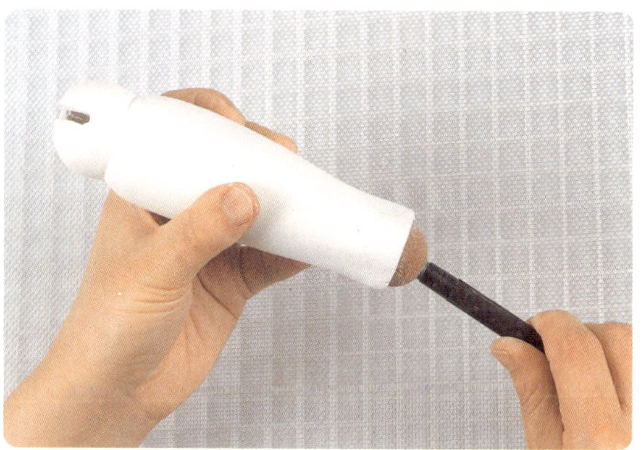

6 건조 후 마스터 베벨러로 사포한다.

종아리 무릎 구 연결

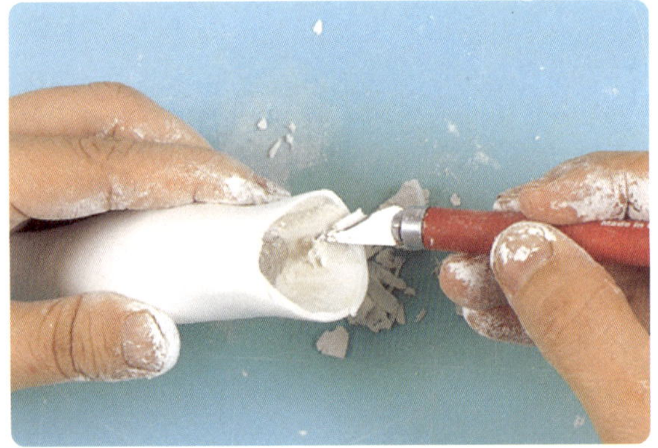

1 구(Ball)가 잘 들어갈 수 있도록 조각도로 파낸다.

2 점토 풀을 붙인다.

3 점토 풀 위에 준비해 놓은 1/3을 자른 구(Ball)를 꼭 누르면서 고정한다.

4 옆으로 빠져 나온 여분의 점토는 깨끗이 마무리한다.

5 텐션 줄이 통과할 수 있는 구멍을 연필로 표시한다.

6 연필로 표시한 부분을 커터 나이프로 자른다.

7 잘라낸 구멍을 철제봉으로 사포한다.

8 허벅지 관절과 잘 맞는지 확인한다.

종아리 하단 발목 구멍 메우기

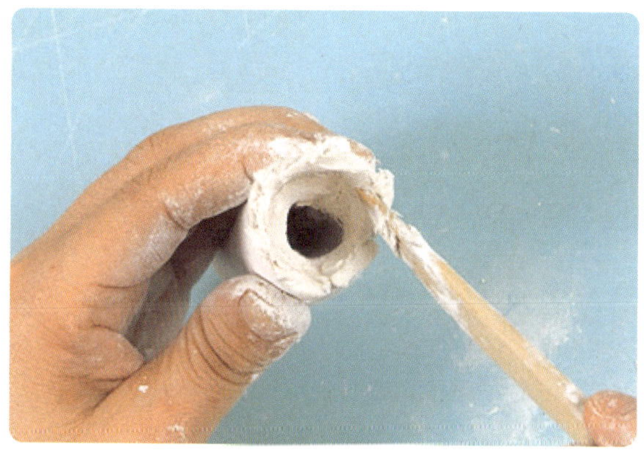

1 발목에 점토 풀을 붙인다.

2 점토를 밀어 원형으로 잘라서 점토 풀 위에 얹어 고정한다.

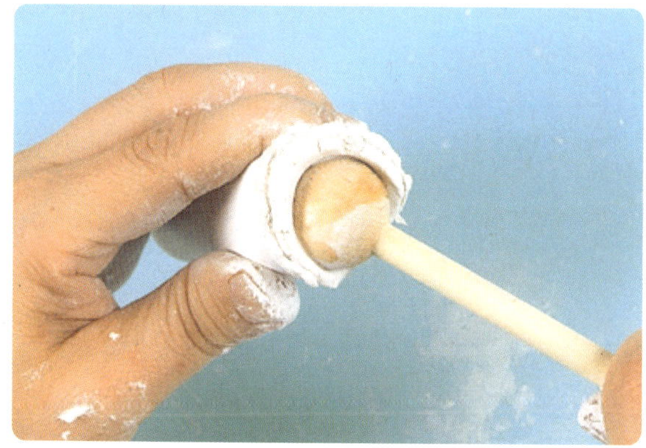

3 점토 위에 발목 구(Ball) 사이즈와 맞는 아이 사이저로 고정한다.

4 여분의 점토는 떼어낸다.

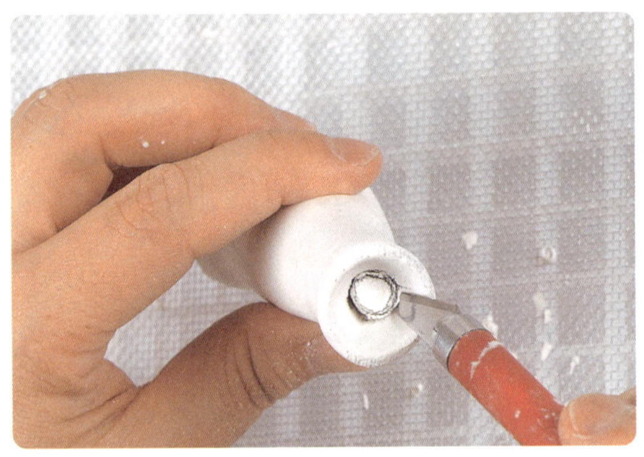 

5 반건조 후 텐션 줄을 통과할 수 있는 구멍을 연필로
표시 후 커터 나이프로 잘라낸다.

6 잘라낸 부분을 철제봉으로 깨끗이 사포한다.

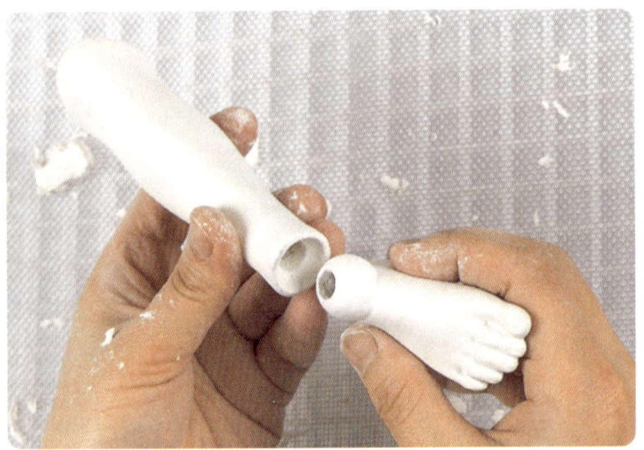

7 발목과 발 관절이 잘 맞는지 확인한다.

몸의 허벅지 메우기

1 몸의 허벅지 연결 부분을 조각도로 파낸 후 점토를 밀
대로 민다.

2 허벅지 연결 표면에 점토 풀을 붙인다.

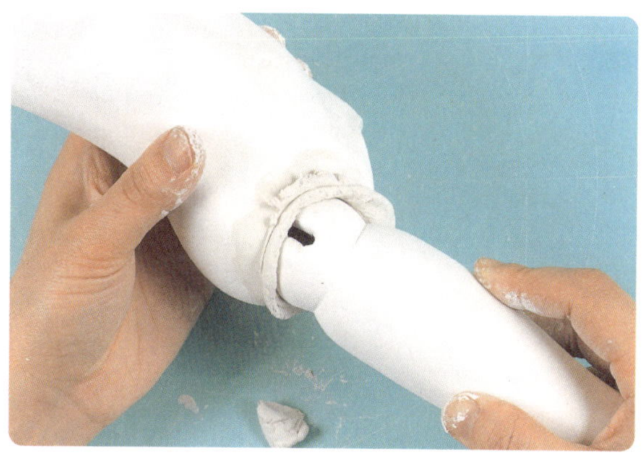

3 점토를 여유있게 원형으로 잘라서 점토 풀 위에 고
정한다.

4 만들어 놓은 허벅지 구(Ball) 사이즈에 맞게 눌러 고
정한다.

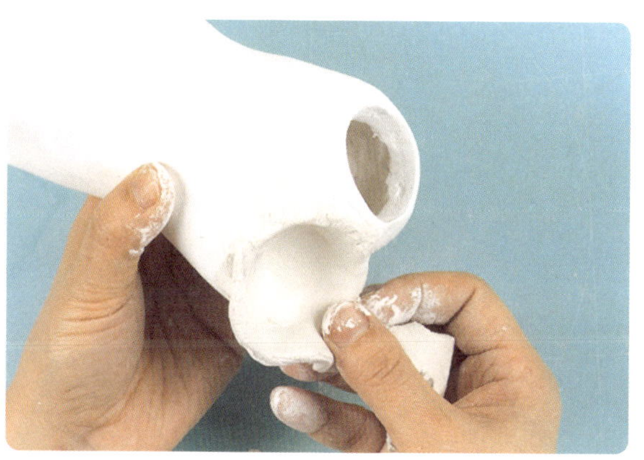

5 여분의 점도는 떼어낸다.

6 반건조 후 텐션 줄을 통과할 구멍을 연필로 표시한
후 표시선 내로 커터 나이프로 뚫은 다음 반건조 후
철제봉으로 사포한다.

7 표시선 대로 커터 나이프로 구멍을 뚫은 다음 건조
후 철제봉으로 사포한다.

머리, 몸, 다리, 팔, 손, 발 연결 완성도

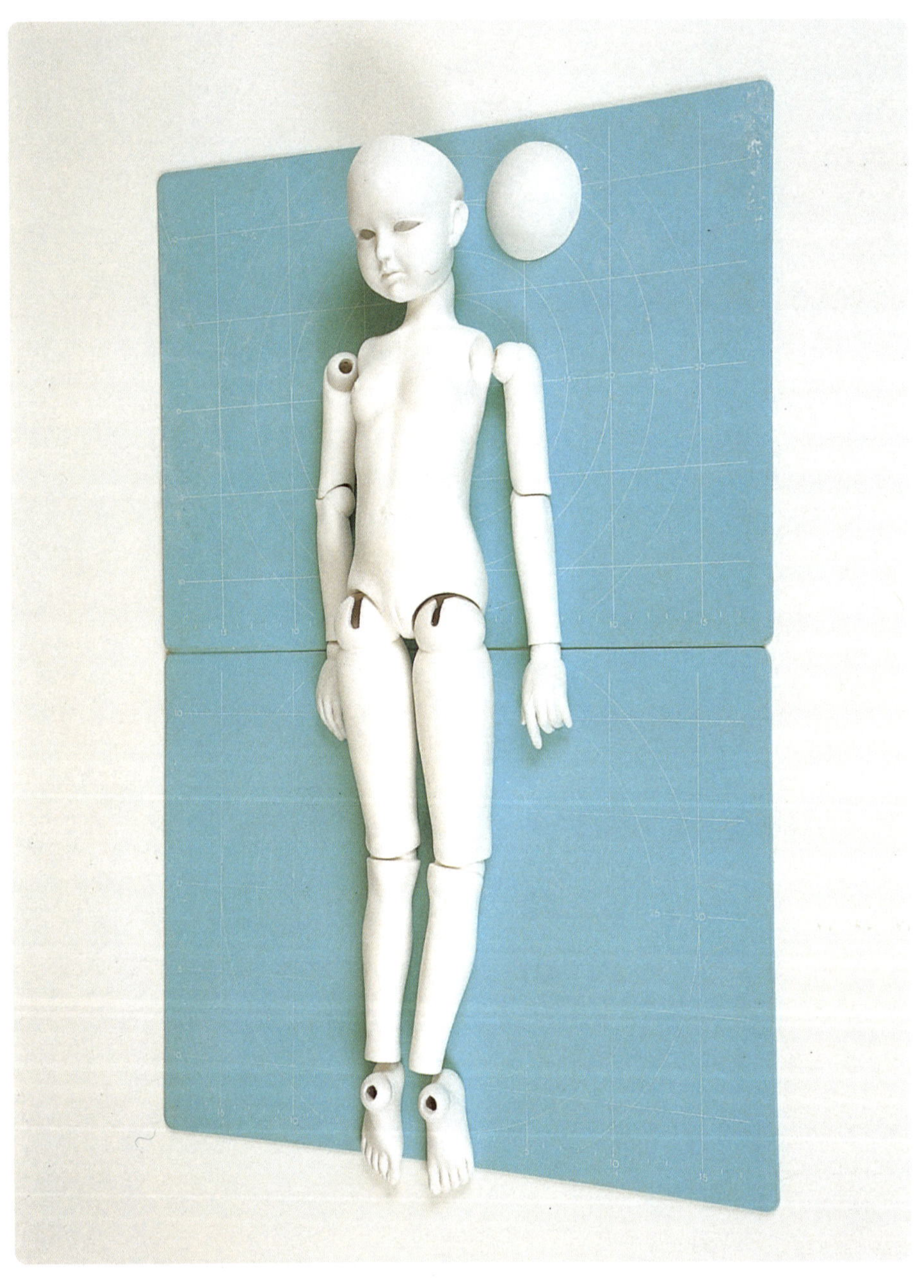

피부 채색, 메이크업, 안구 고정

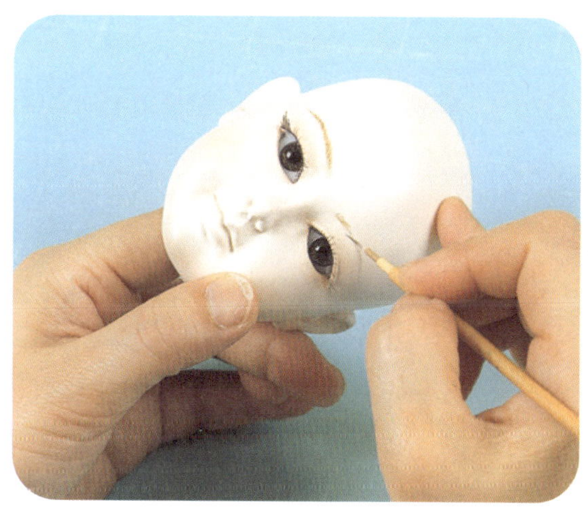

인체 조형 단계가 끝나고 예쁘게 꾸미기 위한 마무리 과정이다. 인형은 얼굴이 생명이기 때문에 어떻게 메이크업을 하느냐에 따라 표정과 이미지가 많이 달라진다.

피부 채색

준비물

돌캐디, 젯소, 물, 종이컵, 콤포바디 페인트, 넙적 붓,
팔레트 아크릴 물감(Ultramarine Blue, Yellow
Ochre, Titanium White Pyrrole, Red Light)

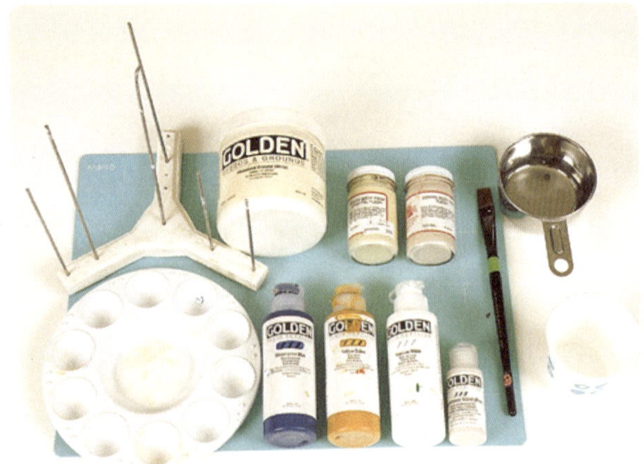

채색하기 전에 전체적으로 체크해서 #1000번 사포로 **Info**
마무리한 후 미세 먼지는 깨끗한 면 타올로 닦아 놓는다.

Step 1 피부 Base Color 만들기

1 종이컵에 인형 전체를 채색할 양이 부족하지 않도록
충분히 준비해서 젯소를 넣고 잘 섞은 후 물로 농도를
조절하여 얇게 준비한다.

2 (1)에 아크릴 물감 White 〉 Yellow Ochre 〉 Red
Light 〉 U.Blue(극소량)을 넣고 피부톤에 맞게 잘 섞
어서 피부의 바탕색을 만든다.

TIP

피부 색상은 테스트용으로 소량을 만들어 보고 대략적인 데이터를 낸 후 마음에 드는 피부톤으로 만들어 몸 전체를
채색할 양을 여유 있게 만들어 칠한다. 이때 적당량의 물을 넣고 묽게 하여 약 5~6번 정도 반복 채색해서 자연스러운
피부색이 나오도록 한다. 물의 양이 부족하면 색상이 진해지고, 두터워 균열이 생길 수 있어서 실패할 수 있으니 주
의한다.

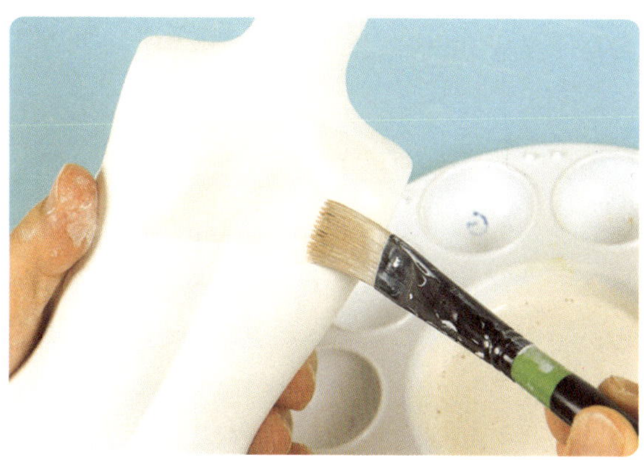

3 팔레트에 만들어 놓은 피부색의 약간 양을 옮겨 담는다.

4 피부색을 넙적붓 끝에 묻혀 몸의 등부분부터 붓끝을 세워 탄력있게 좌우로 가볍게 터치하듯 가로, 세로로 얇게 여러 번에 걸쳐 채색하는 것이 투명한 피부색 표현에 효과적이다.

피부 채색 완성도

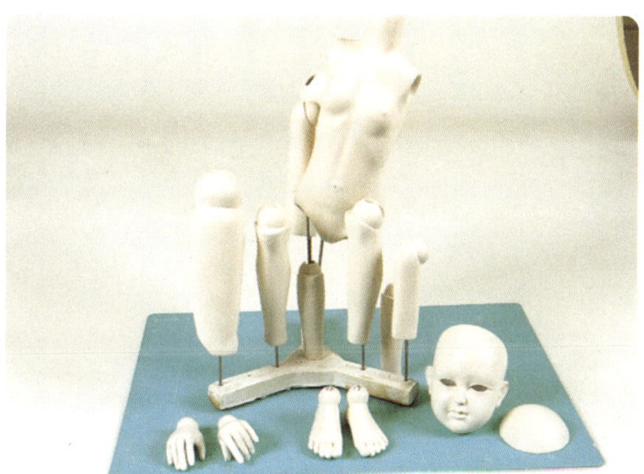

5 4번과 같은 방법으로 머리, 다리, 팔, 손, 발도 채색한다. 채색 후 완전히 건조되면 마른 타올로 닦아주면 자연스런 윤기있는 피부색을 연출할 수 있다. 채색하고, 건조 후 마른 타올로 닦아 윤기가 난 피부에 손과 발의 관절과 가슴, 배꼽, 쇄골, 엉덩이, 무릎, 팔꿈치 등의 연결된 구체의 명암을 Cheek brush로 둥글게 원을 그리듯이 짙은색에서 옅은색 방향으로 점점 흐리게 단계적으로 자연스럽게 Cheek를 표현한다.

TIP

젯소와 모델링 페이스트를 섞어써도 무방하나, 핑크빛에 가까운 피부색을 만들려면 레드 계열의 색상을 가감하여 핑크톤으로 만들고, 약간 황색빛의 피부색을 원할 때는 옐로우 계통의 색상으로 피부톤을 조정할 수 있다.

○ 준비물

테레핀유, 오일, 팔레트, 팔레트 나이프, 유화 물감(오일), 아이왁스, 파스텔, Paint Easer, 글라스 안구, 스컬피, Eye Sizing Tool, 눈썹, 고정 스프레이, 오공 본드, 실, 양면 테이프, 눈썹 가위, 스테인리스 세공봉, 부분 Cheek 1호 붓, 립스틱 붓, 섀도 붓, 세필, 붓, 파스텔 색연필

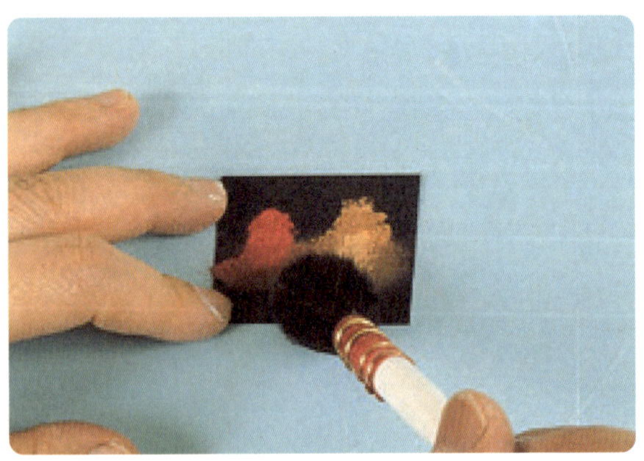

1 파스텔을 종이 사포(#380)에 분말로 갈아서 볼터치 붓으로 좌우로 섞으면서 혼색한다.

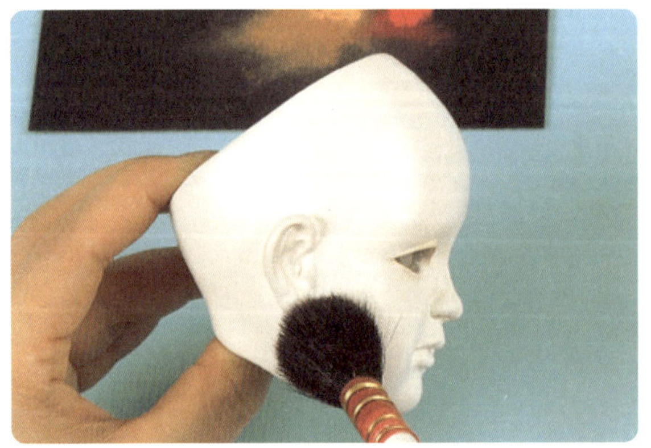

2 Cheek Blush로 관절, 볼, 턱, 귀 등에 Cheek를 표현한다.

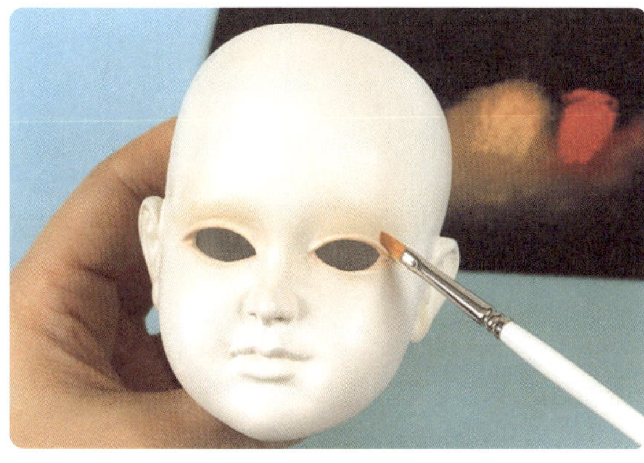

3 섀도 붓으로 아이라인을 중심으로 파스텔 분말을 붓으로 좌우로 저어 혼색해 자연스런 섀도를 표현한다.

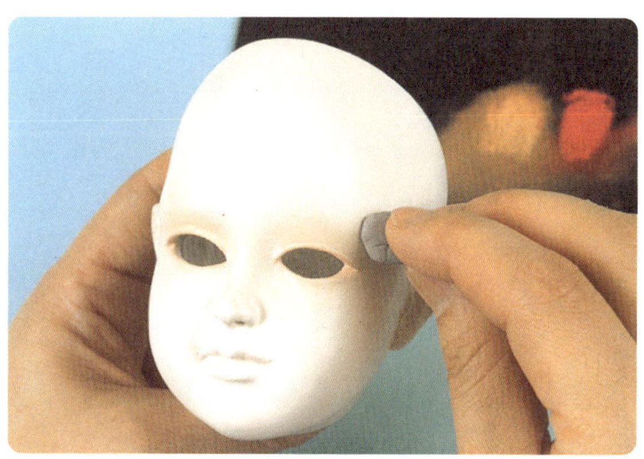

4 농도 조절과 수정할 부분을 Paint Easer로 누르면서 필요없는 부분을 정리한다.

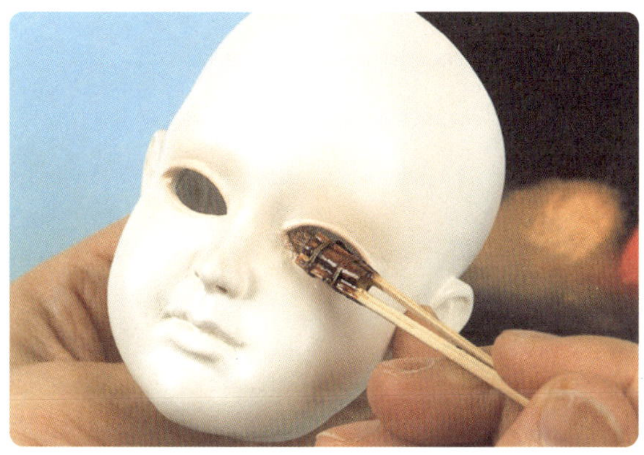

5 섀도의 짙은 표현은 Cheek 1호 붓으로 한번 더 농담을 조질하며 강수한나.

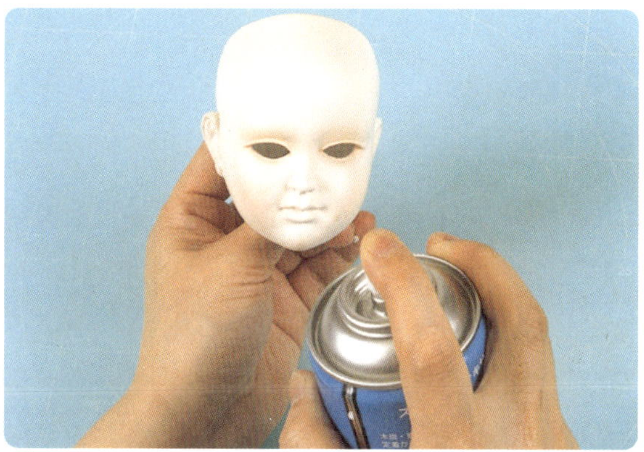

6 고정 스프레이로 메이크업을 고정한다.

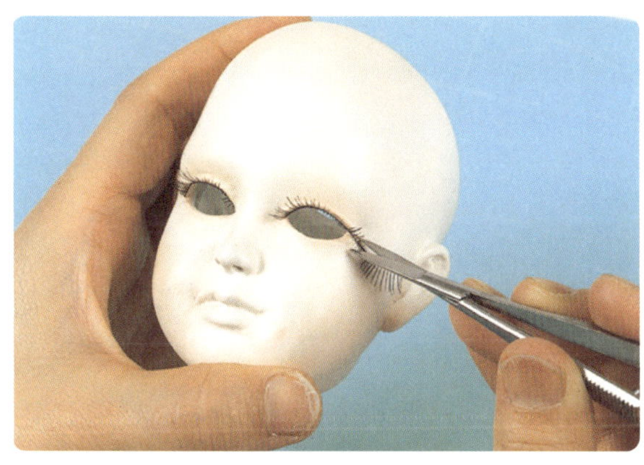

7 눈썹에 본드를 발라서 붙인 다음(남은 여분) 눈썹 전용 가위로 자른다.

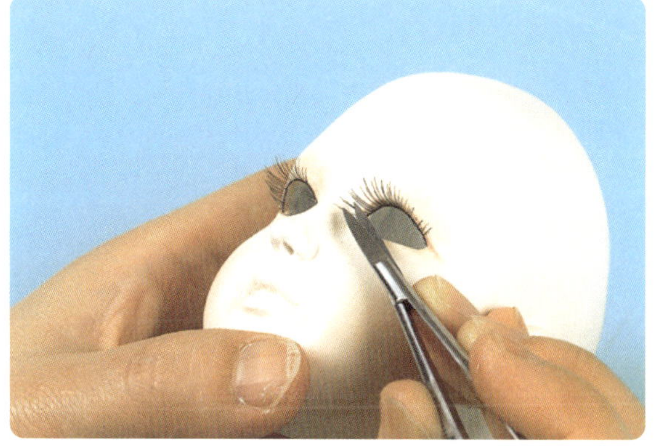

8 눈썹 가위로 눈썹 기장을 다듬는다.

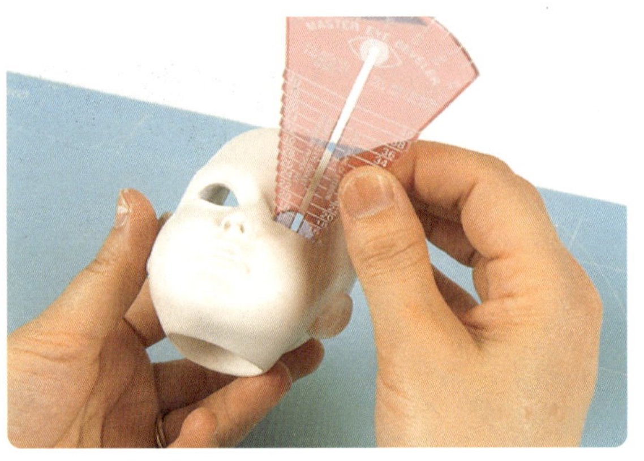

9 안구 사이즈를 Eye Sizing Tool로 잰다.

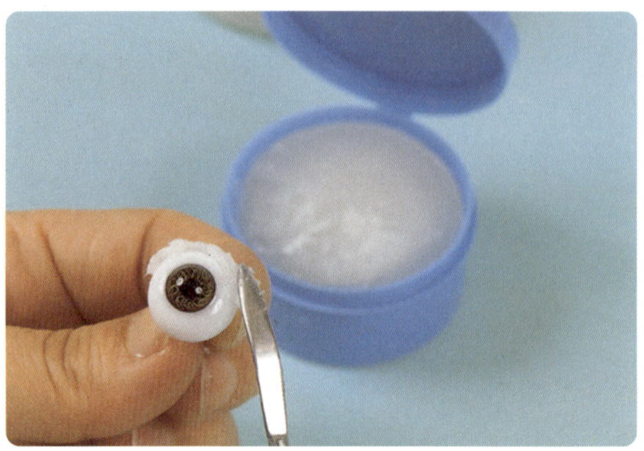

10 사이즈에 맞는 글라스 안구 동공의 둘레를 아이 세팅 왁스를 바른다.

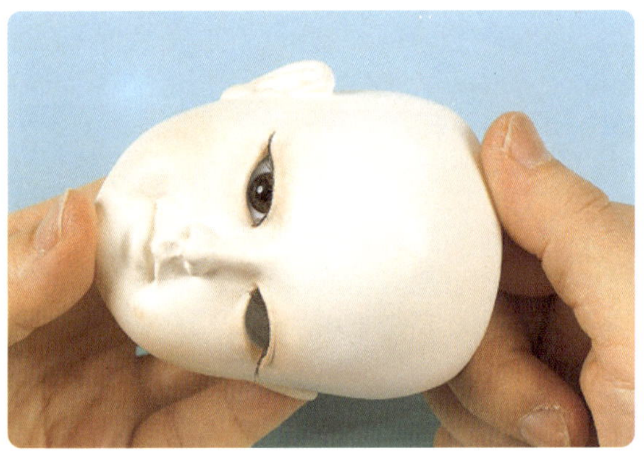

11 양쪽 눈의 시선이 같은 방향을 향하고 있는지를 확인한 후 안구를 고정한다.

12 안구를 고정한 후 머리 안쪽의 안구 둘레를 또 한 번 스컬피로 고정시킨다(똑같은 안구 고정 방법으로 언제든지 안구 교환이 가능하다).

13 p.107의 14, 15번의 그림과 같이 넥보턴을 고정한다.

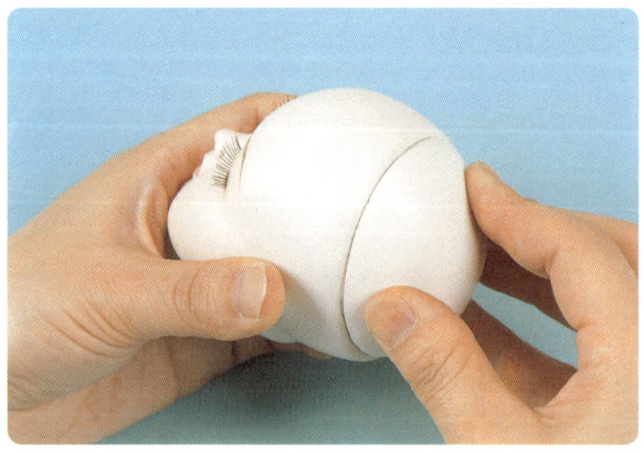

14 머리 뚜껑에 양면 테이프를 붙여 뚜껑을 닫는다.

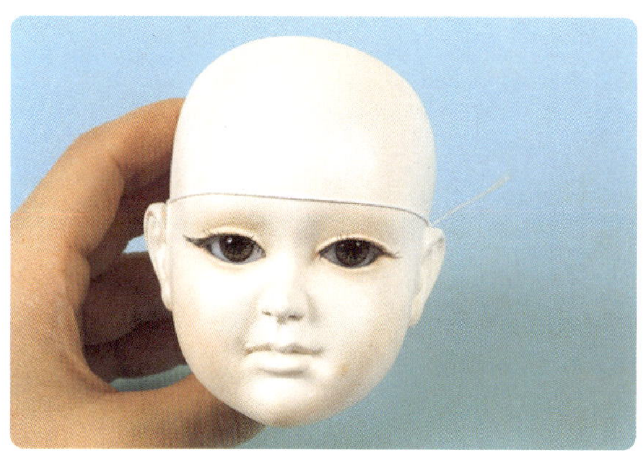

15 그리고자 하는 눈썹 라인의 좌우대칭을 맞추기 위해 실로 고정한다.

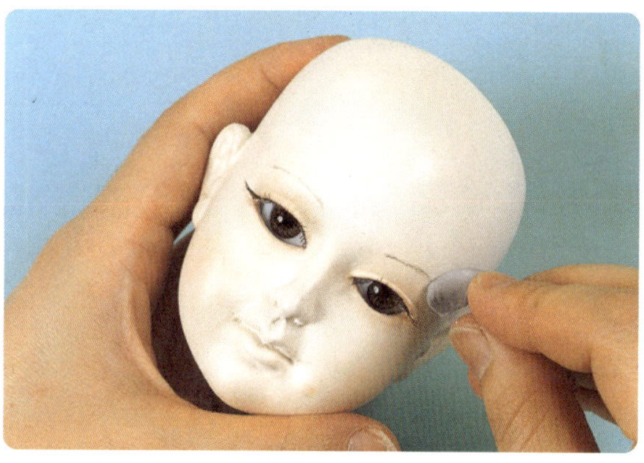

16 파스텔 연필로 라인을 그린 다음 Paint Easer로 눌러 눈썹을 그릴 때 진한 연필 라인이 방해가 되지 않도록 흐리게 한다.

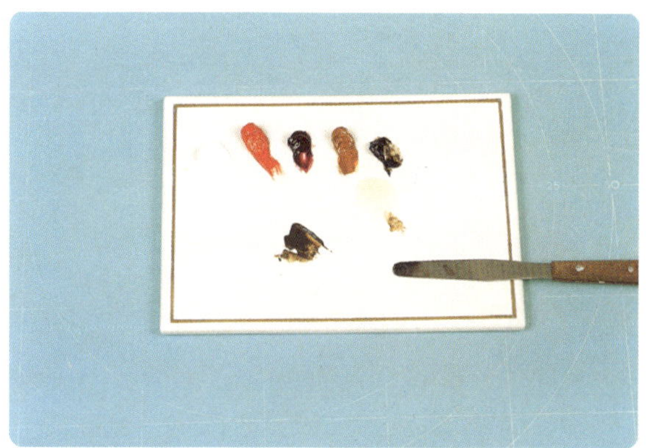

17 팔레트에 유화 물감을 준비해 혼색해서 오일을 섞어 팔레트 나이프로 잘 섞어 놓는다.

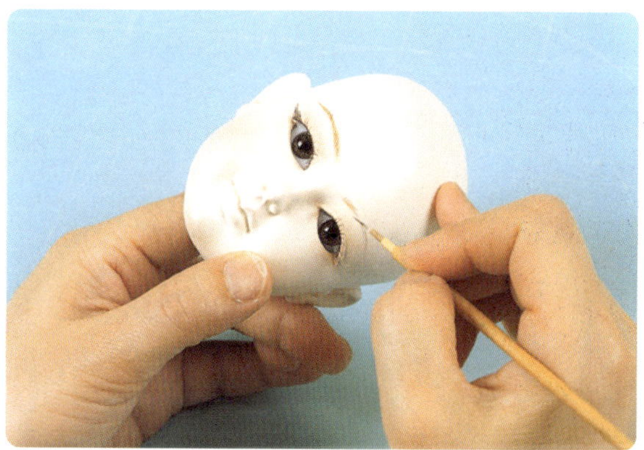

18 파스텔 색연필로 그린 위에 세필로 유화 물감으로 눈썹을 표현한다.

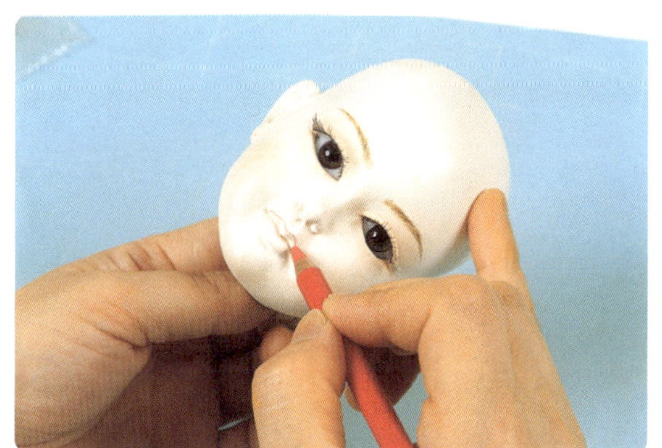

19 입술 라인은 파스텔 색연필로 그린다.

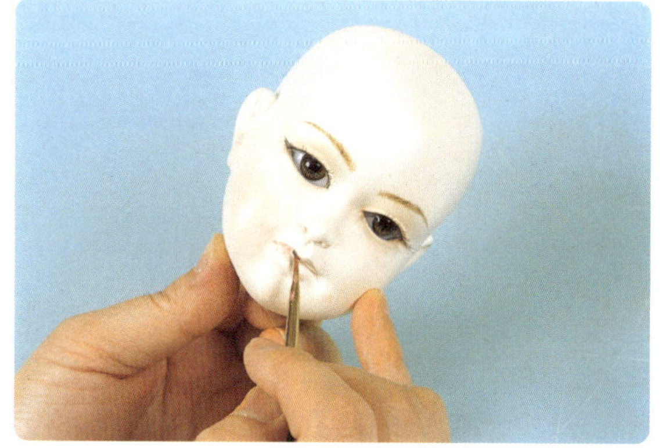

20 유화 물감 레드 계열이나 핑크 계열로 입술을 채색한다.

TIP

유화 물감은 건조가 느리므로 페인팅 후 건조될 때까지 지워지지 않도록 조심하며, 붓은 테레핀유에 세척한다.
건조되면 고정 스프레이로 메이크업을 고정한다.

가발

가발은 인형 이미지에 큰 영향을 미치므로 어떤 스타일로 꾸밀 것인가의 콘셉트를 잘 잡아 제작한다.

헤어 인모, 전기 인두, 가위, 고무줄(약 15cm), 가발 캡, 벨크로(약 5cm), 바늘, 실, 가발 본드, 나무젓가락

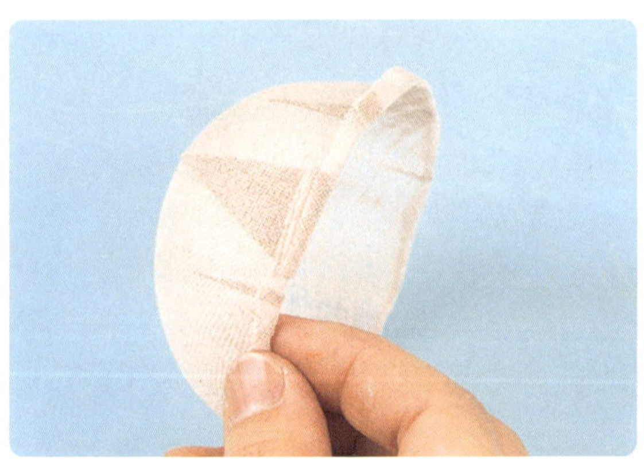

1 가발 캡은 약 5mm의 시접을 둔다.

2 가발용 본드로 시접을 고정한다.

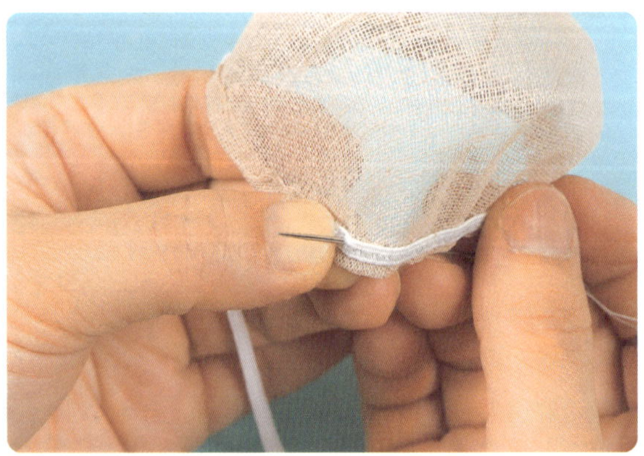

3 가발 캡 앞을 약 4cm 정도 남기고 고무줄을 약간씩 늘리면서 백 스티치 방법으로 꼼꼼히 바느질한다.

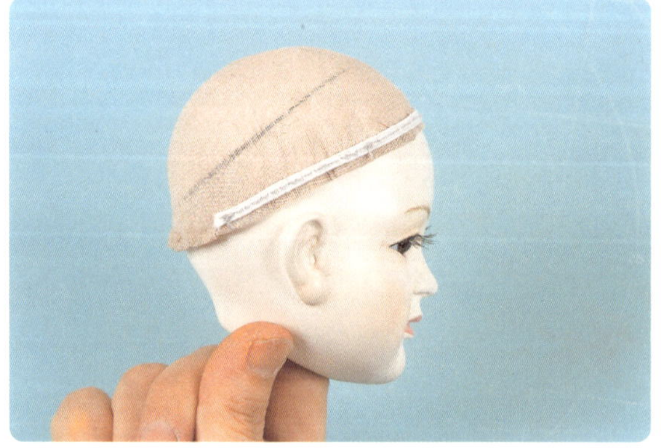

4 바느질한 가발 캡을 머리에 씌운다.

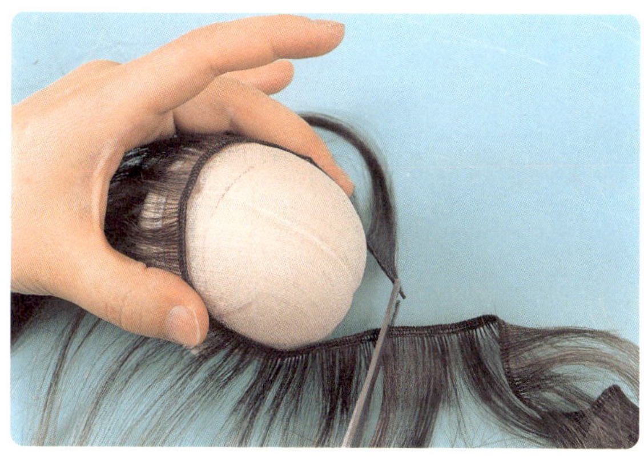

5 인모를 그림과 같이 머리 둘레에 맞춰 가위로 자른다.

6 헤어 둘레에 맞춰 바느질한다.

7 같은 방법으로 머리 둘레 전체를 그림과 같이 바느질한다.

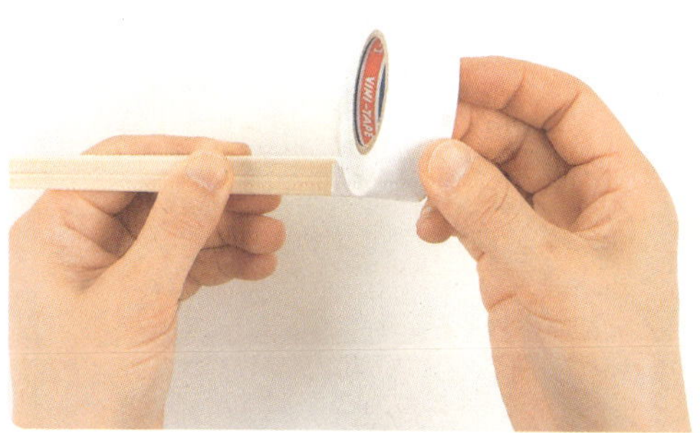

8 나무젓가락에 테이프를 만다.

9 7번의 남은 여분을 메꾸기 위해 헤어를 그림과 같이 2개를 잘라서 가발용 본드를 바른다.

10 테이프로 감은 나무젓가락에 끼운 후 벌려서 전기 인두로 누른다.

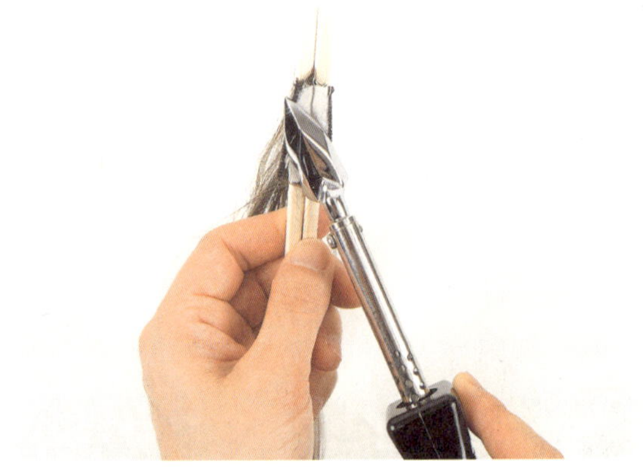

11 목면에 가발용 본드를 바른 후 10번에 붙인 후 전기 인두로 고정한다.

12 11번의 가운데를 촘촘하게 바느질한다.

13 가발 여분의 가르마 부분에 붙인다.

14 붙인 후 전기 인두로 고정한다.

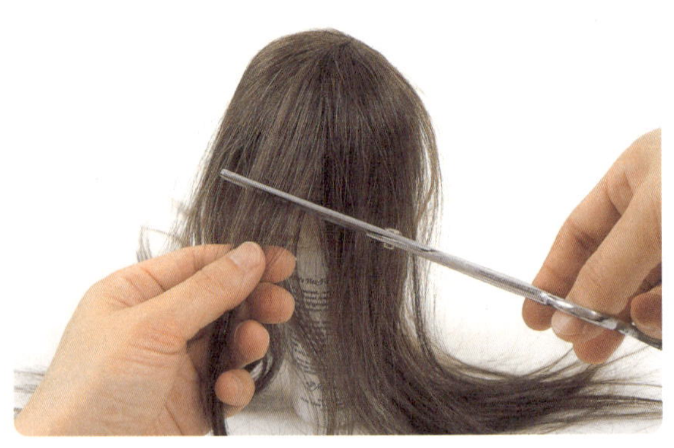

15 앞머리를 잡아서 커트한다.

16 헤어 커터로 앞머리를 가볍게 정리한다.

17 고데기로 웨이브를 준다.

18 완성된 모습

PART 7

관절 연결

사람처럼 13개소의 관절이 텐션 줄을 통과하여 자유롭게 움직일 수 있게 기능성을 높이는
제작 과정이다.

S고리 만들기와 관절 연결하기

점토, 물, 오공 본드, 볼트 커터, 롱로즈, 붓, 넥보턴, 스테인리스 세공봉, 스테인리스 봉(두께 1mm), 로즈

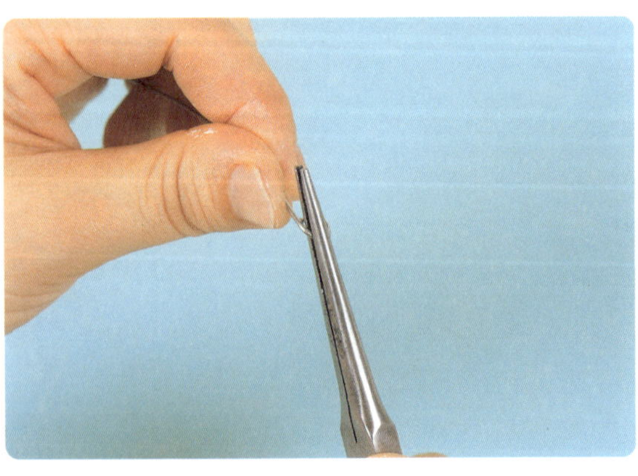

1 스테인리스 봉을 롱로즈에 탄력을 이용해 한 바퀴 감는다.

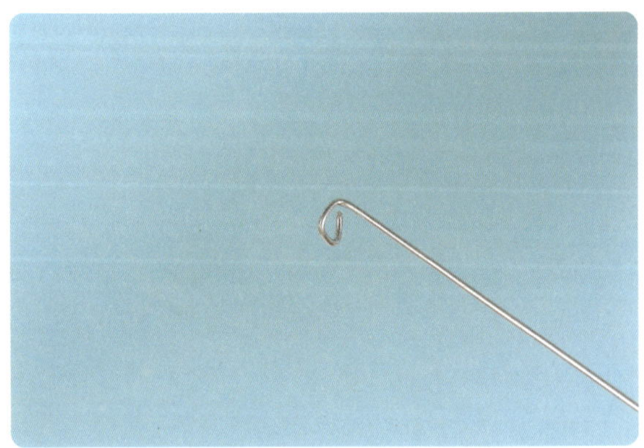

2 원형이 끝나는 부분을 롱로즈로 ㄱ자로 세운다.

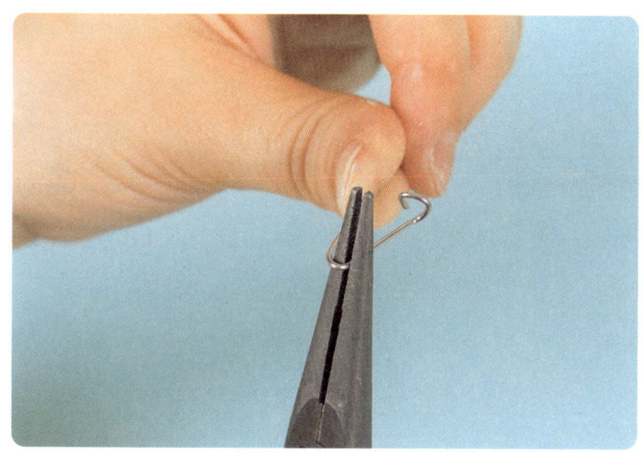

3 발의 구의 높이에 맞게 여분을 남기고 반대편을 롱 로즈의 탄력을 이용해 둥글린다.

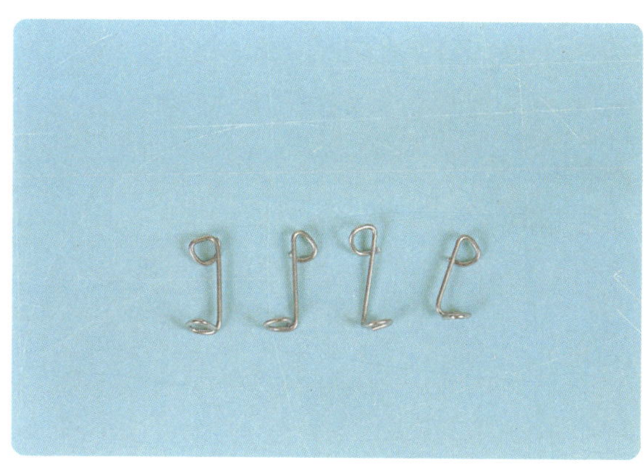

4 손(좌, 우), 발(좌, 우) 각각 1개씩 4개를 만든다.

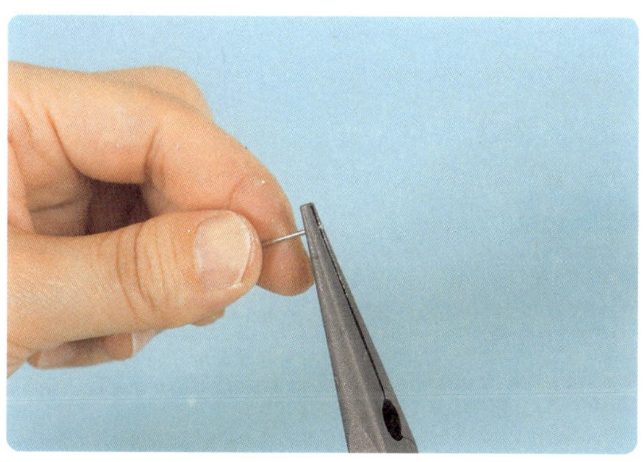

5 바깥쪽으로 두 번에 걸쳐 둥글게 휜다.

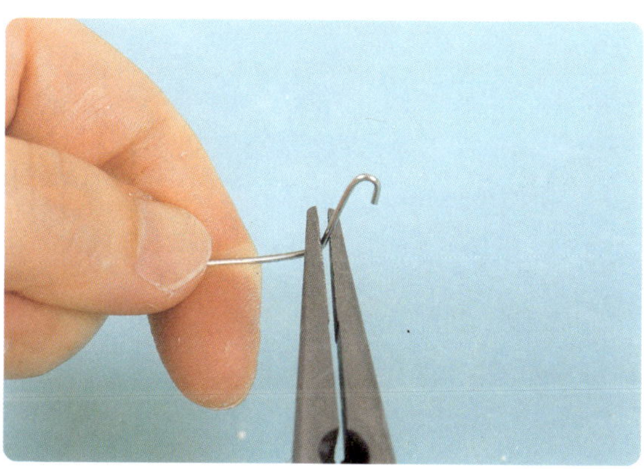

6 여분을 두고 반대편도 5번과 같은 방법으로 둥글게 휜다.

7 손목(좌우), 발목(좌우), 머리(넥보턴 연결) 각각 1개씩 5개를 준비한다.

8 손, 발의 구(Ball)에 S자 연결고리를 고정시키기 위해 점토에 오공 본드를 넣고 반죽한다.

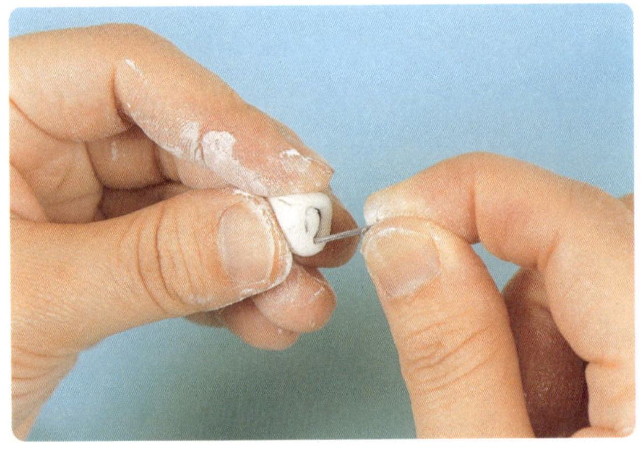

9 반죽한 점토에 만들어 놓은 고리를 끼워 넣는다.

10 발목 구에 들어갈 수 있도록 만든다.

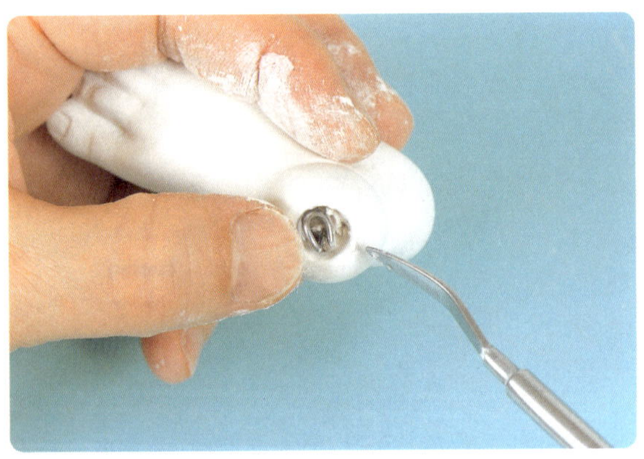

11 발목 구에 붓으로 물을 바른 후 밀어 넣는다.

12 공간이 생겨 고리가 움직이지 않도록 점토로 메꾼 다음 건조한다.

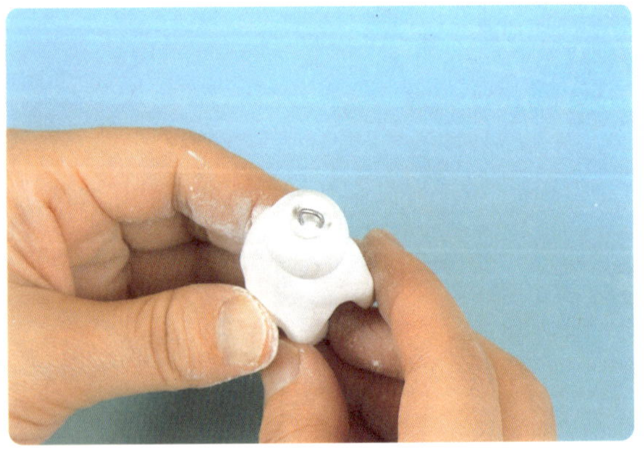

13 손목도 발목 과정과 같이 완성하여 건조한다.

14 넥보턴에 스테인리스 봉을 롱로즈에 한 번 감아 둥글게 만다.

15 넥보턴 구멍에 그림과 같이 넣은 상태에서 S고리 처럼 만든다.

16 목 연결 구멍에 그림과 같이 넥보턴을 고정하여 텐 션 줄을 연결할 수 있게 준비한다.

관절 연결

○ 준비물

넥보턴, S고리, 막대기, 텐션 줄, 관절 연결 도구, 가위

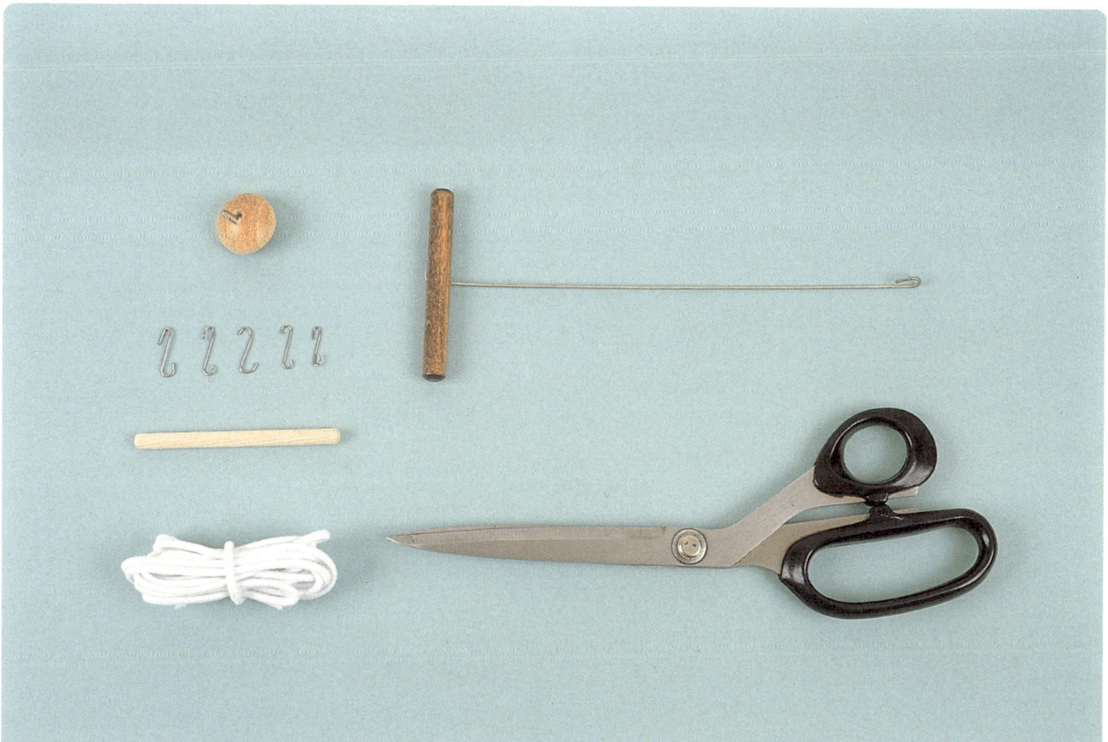

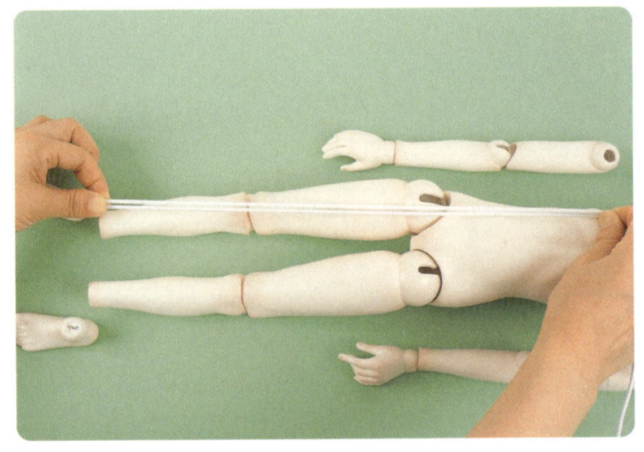

1 완성된 구체관절 parts을 연결해서 놓고, 발목에서 목
선까지 탄력있게 늘린 상태의 텐션 줄의 두줄 길이를
좌, 우분 2개를 준비한다.

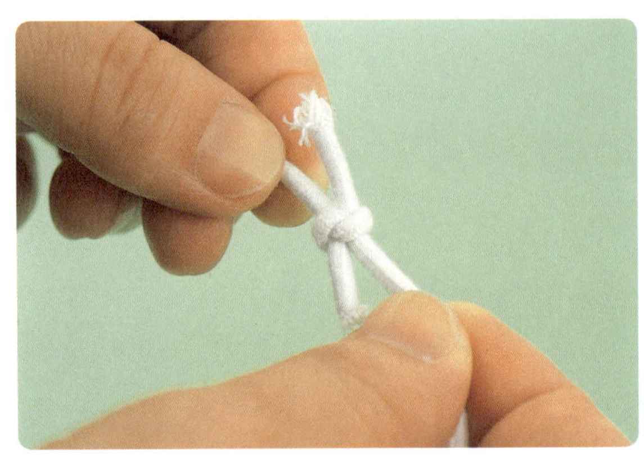

2 그림과 같이 풀어지지 않도록 매듭지어 묶는다.

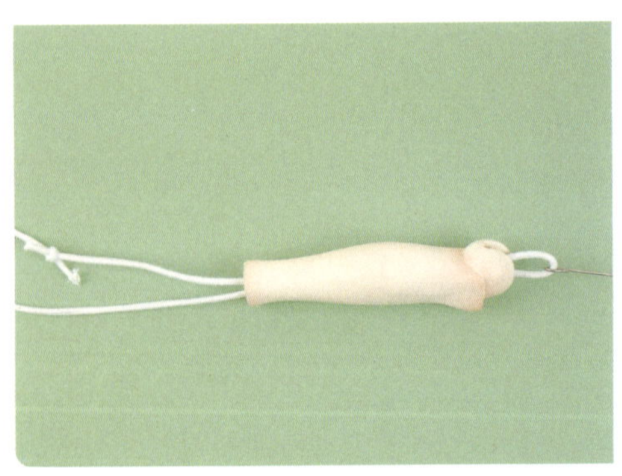

3 묶은 부분이 연결선에 걸리지 않도록 종아리 부분에
가도록 해서 연결한다.

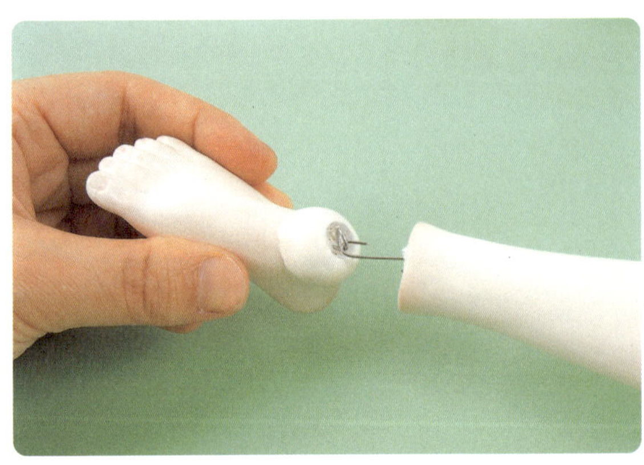

4 발목에 S고리와 종아리 끝부분을 연결하여 관절 연
결 도구로 잡아당긴다.

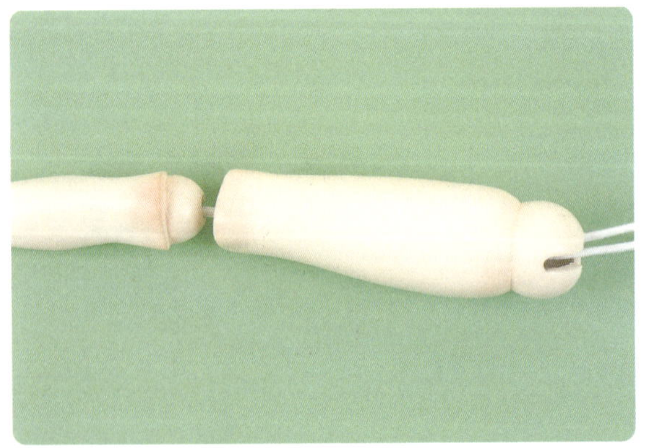

5 허벅지와 연결한다.

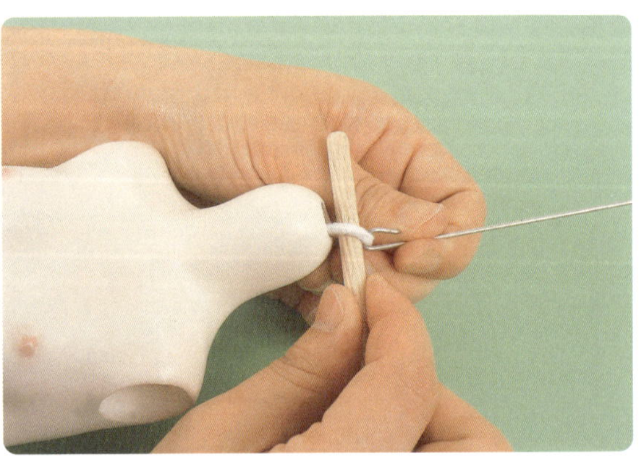

6 허벅지를 몸과 연결하여 관절연결 도구로 몸체를 통
과하여 목 관절까지 잡아당겨 막대기를 꽂아 놓는다.

7 왼쪽 다리도 오른쪽 다리 연결방법과 같이 허벅지 연결 텐션 줄을 몸체와 연결한다.

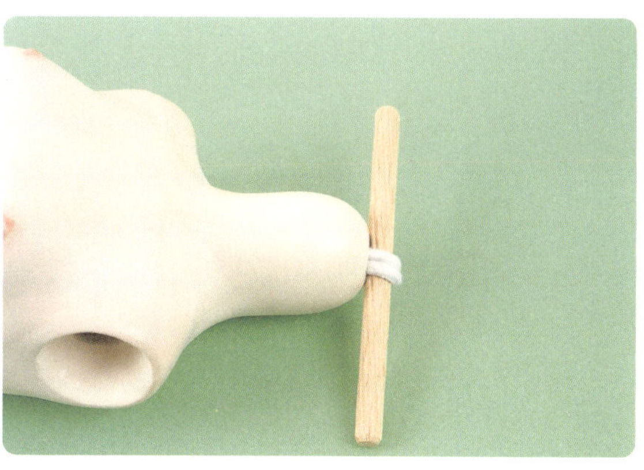

8 왼쪽, 오른쪽 몸체를 통과한 두 줄의 텐션 줄도 한꺼번에 막대기로 고정한다.

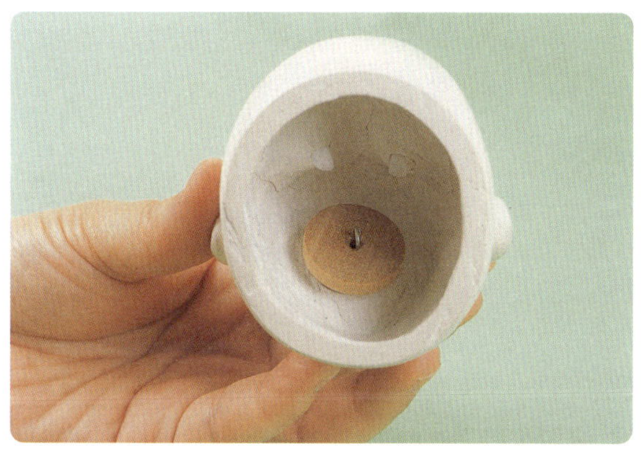

9 넥보턴의 S고리가 하단으로 내려오게 준비한다.

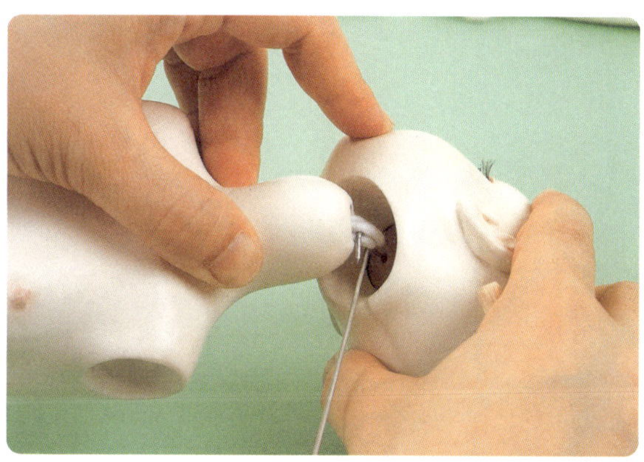

10 그림과 같이 넥보턴 S고리로 텐션 줄을 연결한다.

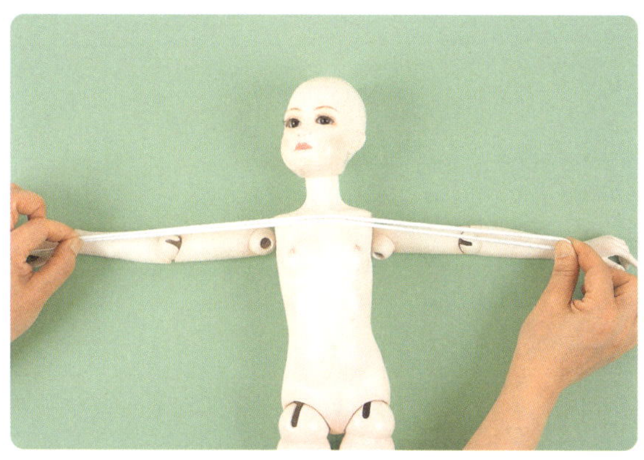

11 양팔을 펼쳐 텐션 줄이 탄력있게 왼쪽 손목에서 오른쪽 손목까지의 길이를 잰 다음 가위로 자른 후, 2번과 같이 묶는다.

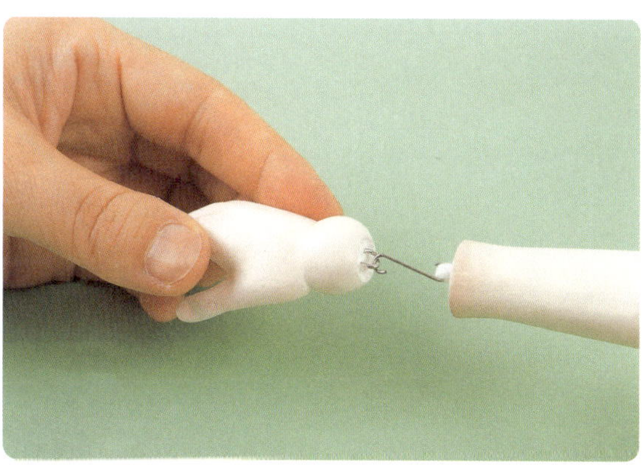

12 손목에 S고리를 연결하여 텐션 줄을 통과시킨다.

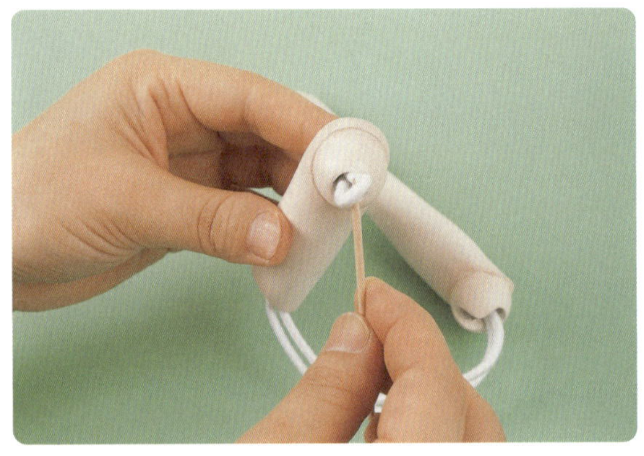

13 어깨선까지 연결한다.

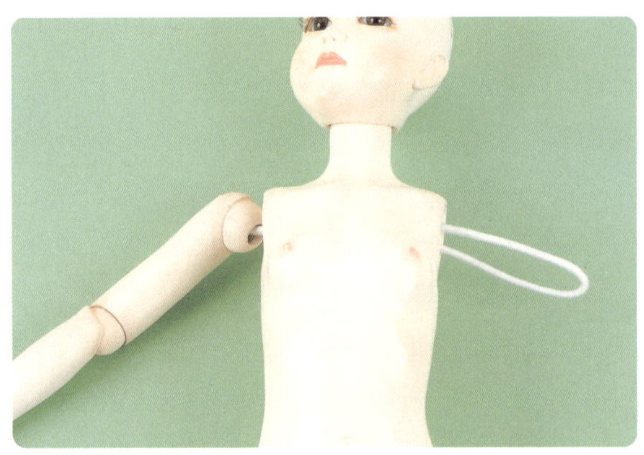

14 발과 같은 연결 방법으로 몸을 통과시킨다.

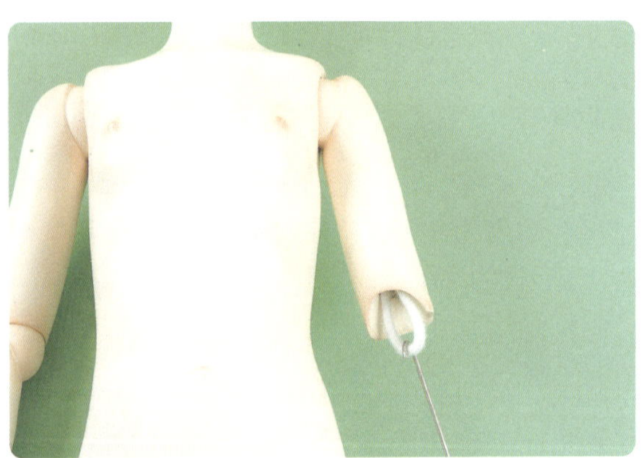

15 어깨 팔을 연결한다.

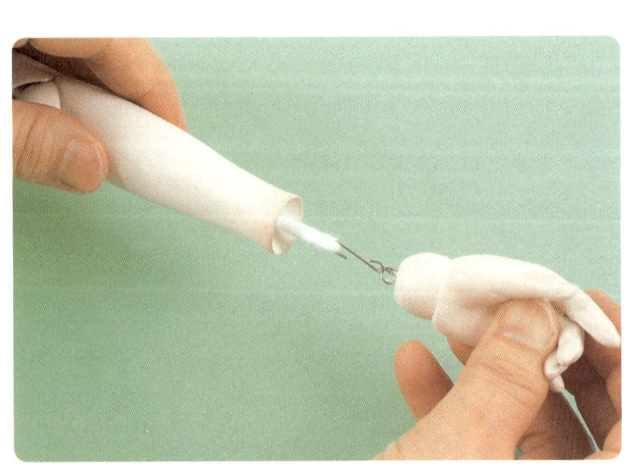

16 손목에 S고리를 연결하여 팔과 연결한다.

17 관절 연결 완성도

의상

인체 조형 과정과 피부 채색 및 메이크업 과정을 거쳐 얼굴 표정을 만든 후 헤어 스타일에
맞춰 의상을 제작하고 인형을 꾸미는 마지막 과정을 소개한다.

원피스 만들기

○ **준비물**

원피스 : 72×25cm, 레이스 (대) : 폭 5.5cm×170cm, 레이스(소) : 폭 1.2×35cm, 토숀레이스 : 1.8×5cm

재봉 실 : #60, #90, 콘솔지퍼, 조화 2개

1 앞판, 뒷판 패턴을 이용해 식서 방향대로 자른다.

2 앞판, 뒷판 어깨에 맞추어 시접 7mm 두고 박음질한다.

3 레이스를 목둘레에 맞춰 주름을 잡아 놓는다.

4 앞판 중앙에 레이스를 두 줄로 박음질하고 주름잡아
놓은 레이스 목둘레에 박음질한다.

5 소매통 패턴을 이용해 식서 방향대로 자른 후 A~B
선까지 주름을 잡은 디음 C~D선까지 주름을 집아
박음질하나.

6 카우스(소매단)의 바이어스는 그림과 같이 접어 다림
질해 놓는나.

7 5번의 주름잡은 소매단 위에 바이어스를 박음질한다.

8 4번의 소매 C~D선까지 주름잡은 부분을 어깨선에
맞춰 박음질한다.

9 치마의 폭은 패턴을 2배로 하여 식서 방향대로 자른 후 치마폭의 1/4이 되도록 주름이 뭉치지 않게 상의 허리 둘레만큼 주름을 잡는다.

10 치마폭에 맞게 레이스를 주름잡는다.

11 주름잡은 레이스를 치마 하단에 박음질한다.

12 상의와 치마 허리선을 맞추어 박은 다음 조화를 단다.

13 콘솔지퍼를 단다. 지퍼전용노루발로 교환하여 왼 쪽부터 단다.

1) 지퍼를 벌려서 다림질로 펴주면 박음질하기가 편하다.

2) 지퍼 윗부분(시작 선)을 안으로 접어 넣어 박는다.

3) 여분의 지퍼는 잘라서 지퍼가 빠지지 않도록 가로로 박음질한다.

한국창작인형협회(Original Doll Association of Korea)

국내 최초로 창작관절비스크인형의 제작 방법을 일본과 미국(Antique Bisque Doll)의 제작 기법과 자체 연구 개발한 기법으로 교육을 시행하고 있으며, 전국의 인형을 사랑하는 애호가를 비롯해 작가의 구체관절인형, 창작비스크인형, 포셀린레이스인형, 한국전통인형, 모던인형, 앤틱비스크인형, 도자인형, 점토인형, 헝겊인형, 목재인형, 한지인형 등을 직접 제작하는 창작인형의 전 인형 작가의 재능을 발굴하여 양성함으로써 인형의 조형예술 분야의 발전과 전시, 홍보, 출판 등에 필요한 제반 사업을 수행하며, 재능 있는 인형작가의 해외연수 기간을 마련하여 전 세계적인 인형예술 문화로 정착되도록 노력하고 있습니다.

설립목적

인형 애호가, 인형작가, 교육, 창작, 전시 등 활동하고 계신 분들의 권익신장과 상호 간의 친목을 도모하고 세계적인 한국창작인형작가의 재능 양성과 발전을 도모하고자 설립되었습니다.

사업 활동 내용

1. 회원 상호 간의 친목에 기여하는 일
2. 인형의 전반적인 교육사업
3. 정기적인 작품 전시회 개최
4. 재능 있는 회원의 해외 연수교육 실시
5. 전국 작품 공모전 개최
6. 작품대상 시상
7. 국제적인 친선 및 교류
8. 창작, 교육, 출판에 관한 사업
9. 재능 있는 강사 배출 및 공방개설에 도움에 관한 일

강사 자격 인정증 취득

1. 수료증
본 협회의 교육과정 초급, 중급, 상급 과정을 수료하면 협회인증 수료증이 발급됩니다.

2. 강사 자격 인정증 발급 신청
- 자격 : 본 협회의 교육과정을 수료하신 분
- 작품심사 : 강사 자격 취득용 창작작품을 제출하고 협회의 운영위원회의 심사 과정을 거쳐 발급됩니다.
- 필기시험 : 교육 과정에 충실하신 분은 누구나 어렵지 않게 통과할 수 있으며, 작품 제작과 교육에 꼭 필요한 기초 지식을 확인할 수 있는 간단한 테스트입니다.

3. 강사 자격 인정증 발급
작품 심사 과정과 필기 시험에 합격하면 한국창작인형협회 인증 강사 자격 인정증이 발급됩니다.
– ODAK 정회원 자격이 생깁니다.

O.D.A.K 정회원이 되면

- 정회원은 인정교실을 개설할 수 있습니다.
- 무료로 강사 연수교육을 받을 수 있습니다.
- 한국창작인형 협회의 지부를 설치할 수 있습니다.
- 공방 개설 시 관련 재료를 특별한 가격으로 구입할 수 있습니다.
- 일반회원 O.D.A.K 주최의 전국 작품공모전에 출품할 수 있습니다.
- O.D.A.K 주최 특별 세미나와 행사 참가 우선권을 드립니다.
- 국제 친선 교류 전에 참가할 수 있습니다.
- 기타

O.D.A.K 일반회원 자격

1. 인형을 사랑하고 관심 있는 모든 분
2. 인형을 1체 이상 제작한 경험이 있는 분
3. 교육, 창작, 전시를 활동하고 계신 분
4. 기타

O.D.A.K 일반회원이 되면…

- 협회에서 개최하는 공모전에 참가 자격 부여
- 국제친선교류전, 박람회 등 우선 참여권 부여
- 각종 전시회의 정보 및 초대권 발송
- 재료 할인 가격으로 구입

O.D.A.K 회원 가입 절차

- 프루필과 인형작품 1체 이상 사진(전면, 옆면, 뒷면) 3장을 이메일 또는 우편으로 접수하면 됩니다.
- 심사 후 결격 사유가 없으면 회원증이 발급됩니다.
- 년 회비, 회비는 무료입니다.

한국창작인형협회에서 배울 수 있는 인형 교육과목

창작비스크인형/창작구체관절인형/콤포지션인형/포셀린레이스인형/앤틱(모던)비스크인형/자기인형/점토포즈
인형

교육문의

교육 안내 및 커리큘럼에 대한 자세한 사항은 다음의 연락처로 문의바랍니다.

이자방 아카데미

홈페이지 ： leejabang.co.kr
전화번호 ： 02-585-2351
E-mail ： leejabang@naver.com

이자방

주소 : 서울 서초구 방배동 905-7 청해빌딩 3, 4층

전화 : 02-585-2351

팩스 : 02-585-2351

쇼핑몰 : www.leejabang.com

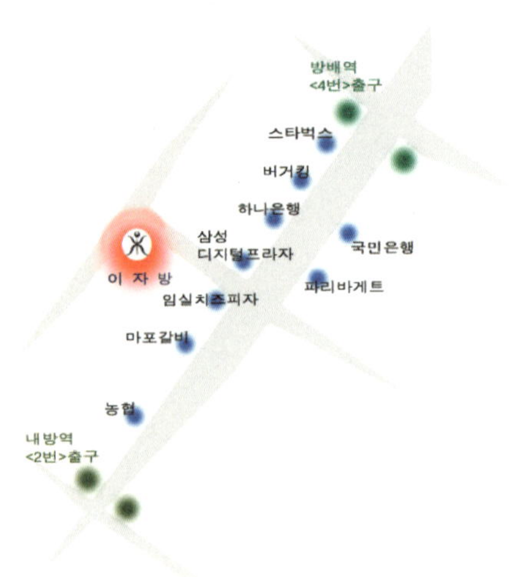

알파 유통(본점)

주소 : 서울 중구 남대문로 4가 20-36

전화 : 02-752-0096

팩스 : 02-3788-9462

홈페이지 : www.alpha.co.kr

한가람

주소 : 서울 서초구 반포동 19-4 경부선 빌딩 지하 대형1호

전화 : 02-535-6238

팩스 : 02-536-9994

홈페이지 : www.ihangaram.co.kr

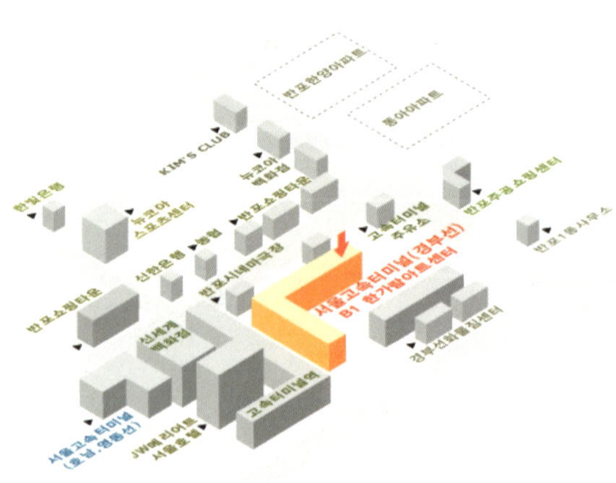

호미아트

주소 : 서울 마포구 서교동 357-1

전화 : 02-336-8181

팩스 : 02-334-4015

홈페이지 : www.arthomi.com

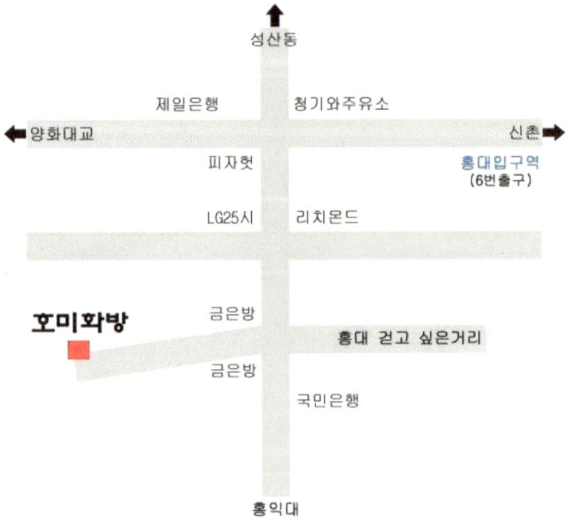

Seoul Doll Fair

서울 인형전시회

수공예작품을 중심으로 하는

국내 최대 인형 전문 전시회

서울인형전시회는 유일무이한 수공예작품을 중심으로 다양한 종류의 인형 1만여점을 전시하는 국내 최대 규모 인형 전문 전시회입니다. 인형의 높은 조형예술적 가치를 재조명하기 위해 열리는 2009 서울인형전시회와 함께 인형만의 예술성과 아름다움을 만끽하시기 바랍니다.

인 형 종 류 별 전 시
- 구체관절인형 • 테디베어 • 비스크돌 • 피규어 • 패션돌 • 헝겊인형
- 빈티지돌 • 컨츄리인형 • 닥종이인형 • 레이스돌 • 극인형 • 포즈인형
- 목각인형 • 클레이인형 • 돌하우스 등 1만여점

테마 & 특별전시
- 세계 명작 동화 • 모나리자의 부활 • 밀리터리피규어 특별전 Ver. 2
- 컨츄리 공방 • 아트볼 기획전 • 동물 인형전 • 세기의 여인들
- 해외 앤틱돌 & 모던 빈티지 특별전 • 한국의 대통령 • 한국의 독립투사

부 대 행 사
- 인형 만들기 체험 • 인형 경품 추첨

매해 12월 개최

주최 MT 머니투데이　주관 서울인형전시회 시행위원회　후원 문화체육관광부　서울특별시　MTN 머니투데이방송　STARNEWS　the bell　MoneyWeek

후원 한국비스크돌협회, 한국돌하우스협회, 한국창작인형협회, 한국헝겊인형협회, 한국창작구체관절인형협회, 블룸돌, Pandora box, E-do, Feel 人, MFM, 아트볼, 아이피규어

협찬 TeSeum　neowiz (주)네오위즈 게임즈　Kraze Burgers　용인송담대학　YELLOW BRICKS COFFEE

www.dollfair.co.kr

용인송담대학 인형캐릭터창작과

2006년에 신설된 인형캐릭터창작과는 디지털캐릭터모델러 및 원형사 과정
구체관절인형 및 창작비스크인형과정, 피규어제작 및 캐릭터디자인 과정,
인형패션 및 인형메이크업 과정 등으로 세분화하여 21세기 게임,
애니메이션, 만화, 영화 등의 캐릭터 등을 조형화하는 학과로 특성화된 국내 유일의 학과입니다

한국창작인형협회 창작인형부

수강료 및 입학금, 재료비 할인 쿠폰

구체관절인형과 수강료
10% 할인 쿠폰(재료비 별도)

 한국창작인형협회

 이자방 아카데미

서울 서초구 방배동 905-7 청해빌딩 3, 4층
www.leejabang.co.kr　　02-585-2351

입학금 50% 할인 쿠폰
(수강료, 재료비 별도)

 한국창작인형협회

 이자방 아카데미

서울 서초구 방배동 905-7 청해빌딩 3, 4층
www.leejabang.co.kr　　02-585-2351

창작비스크인형과 수강료
10% 할인 쿠폰(재료비 별도)

 한국창작인형협회

 이자방 아카데미

서울 서초구 방배동 905-7 청해빌딩 3, 4층
www.leejabang.co.kr　　02-585-2351

앤틱비스크인형과 수강료
10% 할인 쿠폰(재료비 별도)

 한국창작인형협회

 이자방 아카데미

서울 서초구 방배동 905-7 청해빌딩 3, 4층
www.leejabang.co.kr　　02-585-2351

포셀린레이스인형과 수강료
10% 할인 쿠폰(재료비 별도)

 한국창작인형협회

 이자방 아카데미

서울 서초구 방배동 905-7 청해빌딩 3, 4층
www.leejabang.co.kr　　02-585-2351

쇼핑몰 10% 할인 쿠폰

이자방 쇼핑몰 Leejabang.com

서울 서초구 방배동 905-7 청해빌딩 3, 4층
www.leejabang.com　　02-585-2351